知られざるヒバクシャ

劣化ウラン弾の実態

田城　明　著
（中国新聞編集委員）

大学教育出版

□ はじめに □

米英両軍が、放射能兵器である「劣化ウラン弾」を実戦で初めて使用した一九九一年の湾岸戦争から十二年。最近、日本でもようやく、劣化ウラン弾の製造・使用禁止を求める機運が生まれ、一部の人たちの関心事から、より多くの市民へと広がりつつある。

こうした動きは、ヨーロッパではすでに二年余り前から起きていた。ユーゴスラビア・コソボ自治州やボスニア・ヘルツェゴビナへ平和維持部隊として派遣された欧州帰還兵に、白血病などが多発する「バルカン症候群」の顕在化が重要な契機となった。

日本での関心の高まりは、米国のジョージ・ブッシュ現政権が、サダム・フセイン政権下のイラクを「悪の枢軸」と名指し、「核兵器の使用も辞さない」との強硬姿勢でイラク戦争を仕掛けようとしている状況と無縁ではない。危機の深化とともにイラクの国情に関心を向け始めた日本人の目に、劣化ウラン弾による白血病などで苦しむ彼の地の子どもらの姿が見えてきたと言える。

人類史上初の原爆の惨禍を体験した被爆地広島に拠点を置く中国新聞は、その体験を教訓に、被害の実相を国内外に伝えるための原爆・平和報道や、ヒバクシャ報道に力を注いできた。例えば、一九八八年から九〇年にかけては、広島・長崎以後の放射線被害の全容を地球的規模で捉えるため「世界のヒバクシャ」取材班を編成して、被害の実態をヒロシマ記者の目で詳細にリポートした。訪ねた国は核超大国の米国や旧ソ連をはじめ、核実験のあった太平洋諸島、原発やウラン鉱山による放射能汚染が進むインド、医療被曝のブラジル、ウラン鉱山のある南アフリカのナミビアなど十五カ国、二十一地域に及んだ。

だが、そんな私たちも劣化ウラン弾の存在を知ったのは、比較的最近のことである。

「世界のヒバクシャ」取材時には、本書に取り上げた米国の劣化ウラン弾製造現場やその周辺、同兵器の試射場周辺の放射能汚染やヒバクシャの存在に気づかなかった。劣化ウラン弾が使われた湾岸戦争勃発よりも前のため、いわゆる「湾岸戦争症候群」で死亡したり、病気を抱えて苦しむ米英など多国籍軍の退役軍人や、同じような症状で命を落とすイラクの退役軍人、市民らも存在しなかった。

しかし今回、こうした人たちの取材を通じて、通常兵器として扱われている劣化ウラン弾の使用がいかに多くの人々の健康をむしばみ、命を奪い、放射能汚染地帯を生み出しているか、本書を手にした人たちには理解してもらえるだろう。

湾岸戦争やボスニア、コソボ紛争で実際に劣化ウラン弾を使用した米英両政府は「劣化ウラン（U238）の放射能レベルは天然ウランよりも低く、人体や環境への影響はない」と頑なに否定している。むろん、劣化ウランが人体や環境に及ぼす影響については、政府から独立した機関・専門家による調査研究は今後も必要である。

しかし四十五億年と地球の歴史に匹敵する半減期を有し、鉛や水銀と同じ強い毒性を併せ持つ劣化ウランが兵器として使用されたときの悪影響は、米国防総省などの内部文書でも明らかである。米英両政府の姿勢は、米国の湾岸戦争退役兵がいみじくも言った「事実を見るな、見つけるな」政策を地で行っているとしか思えない。

「知られざるヒバクシャ」取材は、米ロ核超大国の核関連施設の汚染状況や、カシミールの領有権をめぐり核対峙するインド、パキスタンなど海外取材を何度も手掛け、長年核問題と取り組んできた編集委員の田城明が担当した。一九九九年九月ごろから準備にかかり、十一月半ばから翌年二月下旬にかけて米国、英国、イラク、ユーゴスラビアのセルビア、コソボ両地域を歩いた。七月には日本の沖縄も訪ねた。連載は二〇〇〇年四月三日からスタートし、同年七月十三日まで計六部、四十七回を数えた。その間に七回の関連特集も掲載した。

中国新聞のホームページには日本語版とともに、「Discounted Casualties――The Human Cost of Depleted Uranium」と題して英語版も掲載している。英訳は「被爆地からこの問題を世界に知らせたい」という広島市内の翻訳会社トランズネットのスタッフがボランティアで手掛けてくれた。その意を受けて、本社は二〇〇一年に英語版として発刊。米国を中心に読まれている。

日本語版は一足遅れとなったが、劣化ウランを含むミサイル弾がアフガン戦争で使用されたとの情報が加わった以外、基本的な状況は取材時点とほとんど変わっていない。今回の出版に際しては、大学教育出版の佐藤守社長に大変お世話になった。この機会に厚くお礼を述べたい。

なお本文中の年齢、肩書、住所、為替相場は取材当時のままとした。特集記事の扱いは、新聞掲載に手を加えた。

中国新聞ホームページへの日本語・英語版併せたアクセス数は、二〇〇二年一月末までに五十二万四千七百七十二回に達した。電子メールで世界各地から反響も寄せられており、この問題への関心の高さをうかがわせる。本書がこうした関心を一層高め、さまざまな疾病に苦しむ世界各地の湾岸戦争退役兵やイラクの子どもらの救済に役立ち、劣化ウラン弾の製造・使用禁止の世論形成につながれば幸いである。

二〇〇二年一月

中国新聞社編集局長　青木　暢之

知られざるヒバクシャ

——劣化ウラン弾の実態——

目次

第2章　裏庭の脅威——アメリカ——　48

第4章　同盟国の重荷——イギリス——　112

序章

劣化ウラン弾の特性と影響

湾岸戦争で、自軍が使った「劣化ウラン弾」という放射能兵器によって発病するアメリカの退役軍人。放射能などの危険性について「何も教えられていない」という点は、一九四〇年代後半から六〇年代にかけ、大気圏核実験に参加してがんなどに襲われた多くの被曝《ばく》米兵と同じであった。通常兵器として扱われ、武器輸出によって世界に拡散する劣化ウラン弾とは、どのような兵器なのか。なぜ膨大な数の米軍兵士が被曝したのか。最初にまず劣化ウラン弾の特性や影響力などについて、湾岸戦争時の写真を交えて紹介する。

劣化ウランの特性

ウラン鉱山から採掘した天然ウランは、濃縮過程の中で、まず核兵器や原子力発電所用の燃料となるウラン235（U235）と、低レベル放射性廃棄物となるウラン238（U238）に分離される。高レベル放射性同位元素のU235は、全体の一％にも満たず、残りはほとんどがU238である。

大量に生み出される強い毒性を持つこの金属物質を「劣化ウラン」と呼ぶ。劣化ウランは、主要にはアルファ線を放出し、半減期は地球の歴史にも匹敵する四十五億年である。

劣化ウランの蓄積は、アメリカでは原爆製造の「マンハッタン計画」が始まった一九四〇年代前半から今日まで続いている。これまでの蓄積量は七十万トン以上。ケンタッキー州パデューカにあるウラン

砂漠に放棄されたイラク兵の死体。劣化ウラン弾の高熱で黒こげになったそのさまは、絵を通じて被爆者が訴えたヒロシマの惨状を思い出させる（1991年2月、イラク南部＝キャロル・ピクーさん提供）。

濃縮用核施設など三カ所で、金属容器に収められて戸外に積まれている。

劣化ウランは鉄の約二・五倍、鉛の約一・七倍比重が重い。このため砲弾の弾芯《しん》に利用すると強い運動エネルギーが得られ、頑丈な戦車でも貫通する。しかも、貫通時の衝撃で高熱を発して燃焼し、戦車内の兵士をも殺してしまう。加工も容易で、大量にある原料は「廃棄物利用」のため、管理責任を負うエネルギー省（DEO）から製造企業へただで支給される。

米軍部は、劣化ウランのこうした特性に目を付け、東西冷戦下の一九六〇年代にロスアラモス国立研究所（ニューメキシコ州）などと協力し、旧ソ連の対戦車用兵器として、劣化ウラン弾の研究に乗り出した。七〇、八〇年代には軍と契約したいくつかの軍需工場で生産が始まり、試射実験も全米各地で繰り返された。

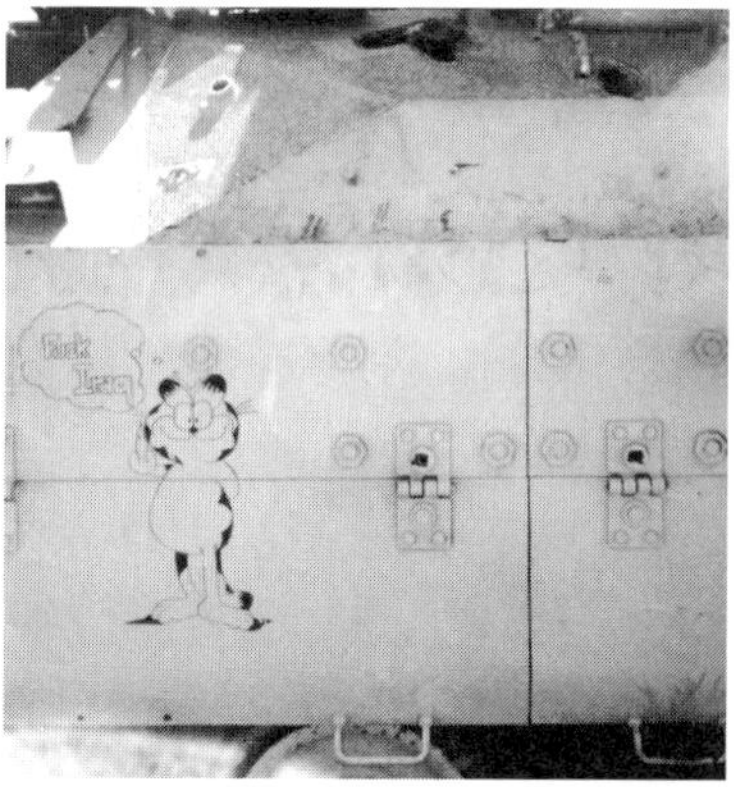

友軍の誤射により、劣化ウラン弾の貫通痕がくっきり残る米軍のブラッドレイ装甲車。車体には「イラクをやっつけろ」の落書きも（1991年2月、イラク南部＝ジェリー・ウィートさん提供）。

湾岸戦争で初めて劣化ウラン弾を使用したアメリカ軍は、戦車から一二〇ミリ砲や一〇五ミリ砲を発射。戦闘機からは三〇ミリ砲と二五ミリ砲で空爆した。イギリス軍は戦車からのみの使用である。「砂漠の砂嵐《あらし》作戦」（九一年二月二十四日〜二十八日）期間中に、少なくとも戦車から一万個、戦闘機から九十四万個の劣化ウラン弾が発射された。

一二〇ミリ砲の場合、劣化ウラン貫通体の重さは約四千七百グラム、三〇ミリ砲だと約三百グラムである。衝撃による燃焼で、このうち七〇％〜二〇％が酸化ウランの微粒子となって大気中に飛散する。いったん酸化ウランの微粒子を体内に取り込むと肺などにたまり、放射線や強い化学毒性による影響で、がんなど健康障害を引き起こすと言われている。

米原子力規制委員会（ＮＲＣ）は、Ｕ２３８の一日の体内摂取限度量を、一般人〇・一九ミリグラム、原子力施設関連従業員二ミリグラムと定めている。

劣化ウラン弾の影響

湾岸戦争に参加した米軍兵士六十九万六千人のうち、劣化ウラン弾による汚染地帯に身を置いた兵士は、四十三万六千人とされている。

アメリカ軍の武器使用・解体などに伴う環境や人体への影響を調べている民間の「軍事毒性プロジェクト」

劣化ウラン弾断面図

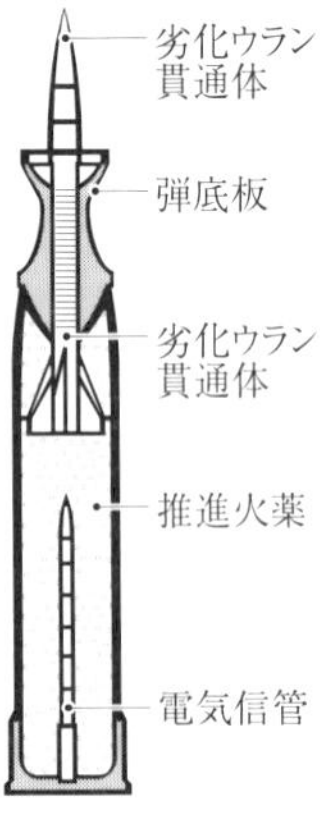

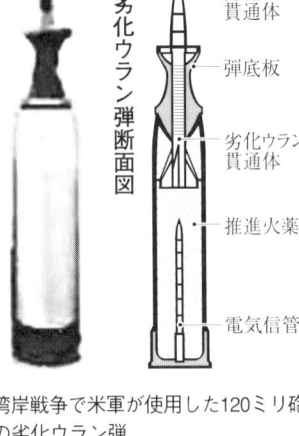

湾岸戦争で米軍が使用した120ミリ砲の劣化ウラン弾

のダン・フェーヒーさん（三二）＝写真・ワシントンＤＣ在住＝は、情報公開法で入手した資料を基に、一九九八年三月に「約四十万人の兵士が劣化ウランにさらされた可能性がある」と公表した。

米国防総省は「人数に全く根拠がない」と、フェーヒーさんを厳しく批判した。しかし、退役軍人やその家族らでつくる「全米湾岸戦争リソース・センター（ＮＧＷＲＣ）」（本部・ワシントンＤＣ）などの圧力により、八カ月後に劣化ウラン弾の使用地域の地図を公表。四十三万六千人の地上軍兵士がクウェート、イラクの

ダン・フェーヒーさん

破壊されたイラクのトラック、タンクローリー、乗用車…。クウェートからイラク国境のサフワン、バスラへの道は、破壊のすさまじさ故に「死のハイウエー」と米兵に呼ばれた（1991年3月、イラク南部＝キャサンドラ・ガーナーさん提供）。

「戦利品」として米国へ持ち帰ったイラク軍戦車で、劣化ウラン弾を発射し、放射能汚染状況と防護対策について調査する米軍兵士。汚染防止のための防護服や防護マスクを着けている（1995年6月、米ネバダ州のネバダ核実験場＝ダグラス・ロッキーさん提供）。

友軍の劣化ウラン弾で破壊された戦車を本国へ運ぶため、作業に従事する米軍兵士。放射能汚染防護措置を全く取っておらず、全員が劣化ウラン微粒子を体内に取り込んでしまった（1991年5月、サウジアラビア＝ダグラス・ロッキーさん提供）。

劣化ウラン弾使用地帯に入ったことを認めた。

劣化ウランの危険性については、湾岸戦争以前から指摘されていた。

例えば、劣化ウランの医学、環境評価をした七四年の軍の報告書には「戦闘状況下で劣化ウラン弾を広範

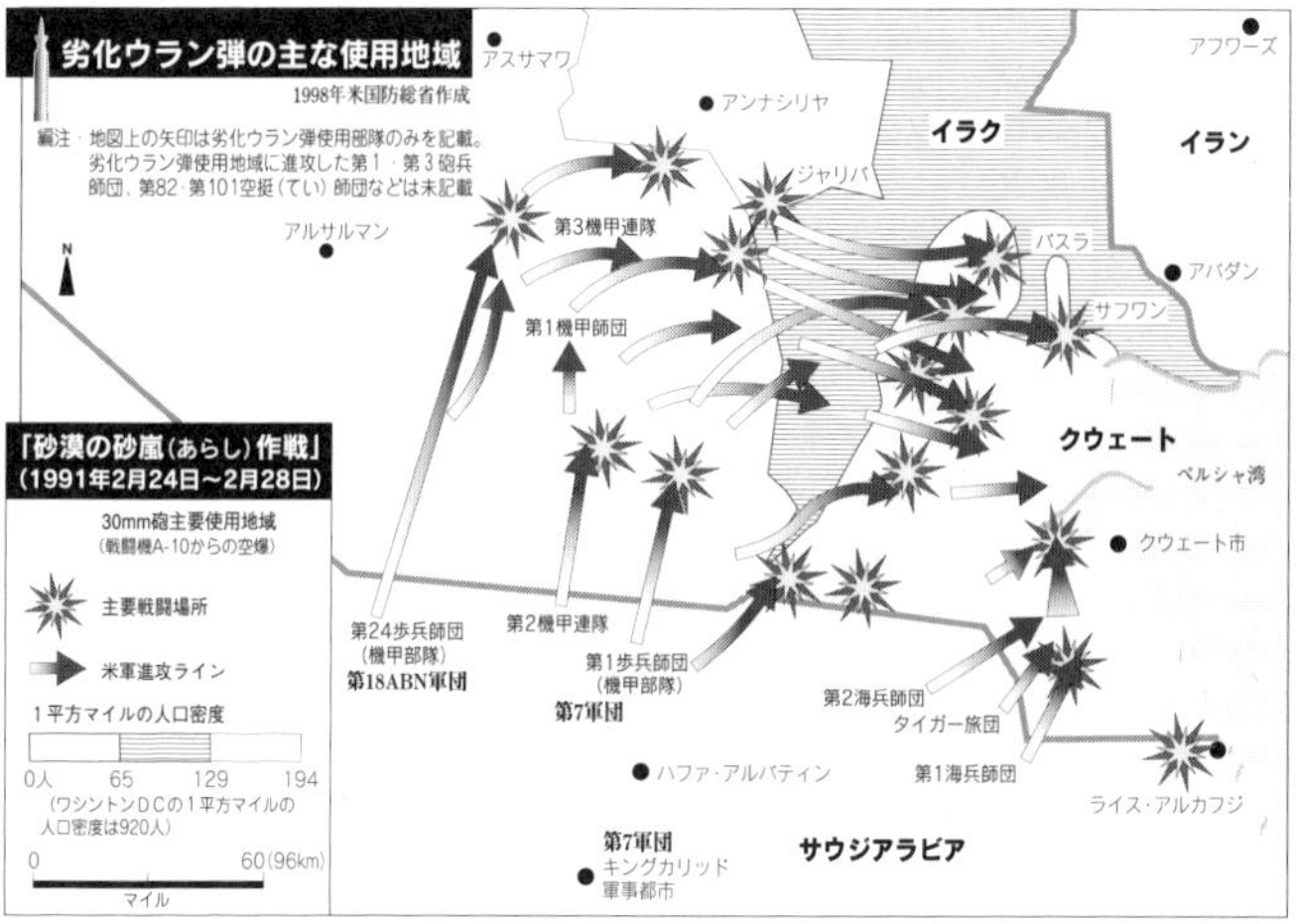

に使用した場合、その周辺では劣化ウラン混合物の体内への吸入、摂取、着床が著しい可能性がある」と記す。

軍と契約関係にある化学応用国際社が九〇年七月に出した報告書にも、その危険性が明確に述べられている。劣化ウランを「低レベルのアルファ放射線放出物質」とした上で「体内被曝の時はがんと関連し、化学的毒性は腎臓《じんぞう》損傷の原因となる」と記述。「兵士が戦場で煙霧状の劣化ウランにさらされると、物質が持つ放射線や化学的毒性の潜在的な影響を強く受ける恐れがある」と警告する。

このように劣化ウランの危険性については事前に分かっていながら、国防総省は兵士たちに予防教育もしなければ、防護措置も取らなかった。

九三年、会計検査院（GAO）がまとめた報告書では「陸軍は劣化ウランによる適切な汚染対策を講じなかった」と指摘。その理由として、健康を失った当事者には受け入れ難い軍の弁明を紹介している。「戦闘中やその他の生命を脅かされる状況下では、戦闘による危険の方が、劣化ウランによる健康へのリスクよりはるかに高い。陸軍高官はこのため、防護対策は無視できると信じていた」と。

この結果、二十、三十代の多くの若い兵士が戦争終結後に発症し、命を失った。

その他の影響

湾岸戦争では、劣化ウラン弾による健康障害だけでなく、米食品医薬品局（ＦＤＡ）で認可されていない薬の投与や、油田火災による煙害、停戦後にイラクの化学兵器貯蔵所を爆破、その際に放出された毒性物質による影響など、さまざまな健康障害の要因が考えられている。

兵士たちが軍の命令で強制的に服用しなければならなかった薬品には、抗化学兵器剤の臭化ピリドスチグミン（ＰＢ）、生物兵器であるボツリヌス菌に対するワクチン、炭疽《そ》病予防薬であるアントラックスなどがある。ＮＧＷＲＣの調べでは、ＰＢは二十五万人、ボツリヌス・ワクチン八千人、アントラックスは十五万人がそれぞれ服用したとされる。

湾岸戦争に参加した米軍兵士六十九万六千人は、イラクがクウェートに侵攻した一九九〇年八月二日から、友軍の劣化ウラン弾で破壊された米軍戦車を米国に送り返すなどの作業に従事した兵士らが、最後に帰還した九一年七月三十一日までの人数である。このうち、九九年七月までに五十七万九千人が除隊、十一万七千人がなお軍に所属している。

〔湾岸戦争について〕

一九九〇年八月二日、イラクが隣国クウェートに侵攻、全土を制圧したことが導火線となった。イラクのサダム・フセイン政権は、世界でも有数の産油国であるクウェートを自国領と主張した。これに対し、米国を中心とした西側諸国は、フセイン政権の狙いが石油の利権確保、アラブ諸国の盟主としての地位確立にあるとして、猛烈に反発した。アメリカの現職大統領の父親である当時のブッシュ政権は旧ソ連や中国を説得し、国連の名において米軍を先頭にした二十八カ国からなる多国籍軍を形成。九一年一月十七日の空爆を契機に、湾岸戦争に突入した。

多国籍軍は二月二十四日に地上戦に突入、圧倒的戦力で二十六日にはクウェートを解放し、二十八日に戦闘は終結した。三月三日、イラクが国連安保理による停戦決議を受諾し、停戦協定が締結された。協定には、核兵器の保有・開発・研究を禁止し、国際原子力機関（ＩＡＥＡ）の査察を受け入れることなどが含まれている。日本は湾岸戦争で、多国籍軍に対して百三十億ドルを支援した。

第1章

超大国の陰

――アメリカ――

一九九一年の湾岸戦争で、軍事超大国アメリカを軸にした多国籍軍は、圧倒的戦力でイラク軍を撃破した。米軍の戦闘による戦死者は百四十八人。戦争は短期間で終結した。凱《がい》旋《せん》した夫や妻、息子や娘の無事をともに喜び合うはずだった留守家族。が、その喜びもつかの間、帰還米兵の多くが体の不調を訴え、命をも失っていった。放射能兵器の劣化ウラン弾などが、体を侵していったのである。

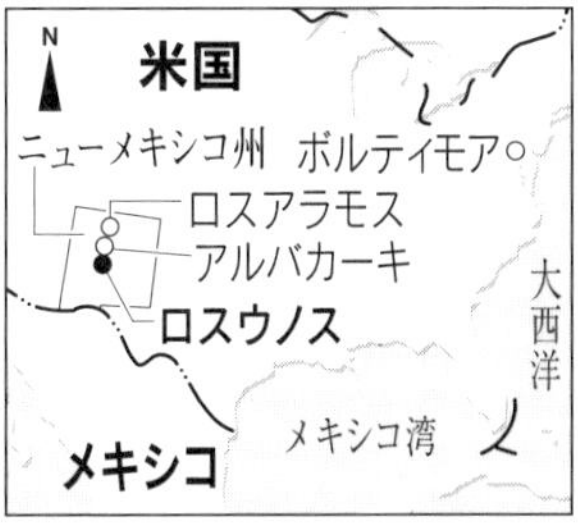

一　誤射

ニューメキシコ州最大の都市アルバカーキ市から南へ約七十キロ。ロスウノス町の新興住宅街にジェリー・ウィートさん（三二）の家はあった。

週末の午前十時。妻のレベッカさん（三〇）に起こされたウィートさんは、肩まで伸びた金髪を後ろで束ねながら、二階から下りてきた。アルバカーキ中央郵便局の職員である。前日も夜勤で深夜の帰宅だった。

「あの戦争以来、体調が狂ってしまった。腹痛や関節の痛みが続いている。今は左腕のここが一番気になるんだ」。食堂のいすに腰を下ろした彼は、Tシャツのそでをまくり上げ、傷口に目をやった。

一九九八年十一月、アルバカーキ退役軍人病院で骨の一部を取り出した際の手術痕である。医師たちは、腕の痛みを訴えるウィートさんの骨の生体組織検査を九月に実施した。二カ月後には手術をし、切り取った骨の部分に金属を埋め込んだ。

「骨に腫瘍《しゅよう》ができていたんだ。劣化ウランの影響に違いない。でも、病院は認めようとしない。『がんじゃないけど、取り出すだけ』だって」

自軍の戦車で被弾

ウィートさんには、劣化ウランが原因だとするだけの確信があった。湾岸戦争での地上戦が始まって三日目の九一年二月二十六日。ひどい砂嵐《あらし》の中、戦闘用装甲車でイラク南部を進攻中にイラク軍と遭遇、交戦中に二度砲弾が命中した。いずれも自軍戦車からの誤射によるものだった。

ドライバーのウィートさんは最初の砲撃でしばらく意識を失った。気がつくと、着衣が燃えていた。防弾チョッキなどを急いで脱いだ直後、再び目前で火柱が上がる。体中が焼けるように熱かった。首、背中、腰…。劣化ウラン弾の破片が体内に食い込み、皮膚組織を焼いた。装甲車はそれでも走り、野戦病院までたどり着く。

除隊後に事実知る

「救出した五人を含め、九人全員が奇跡的に生きていた」。翌日、医師たちが深さ一～二センチまでウィートさんの体に食い込んだ破片を取り出した。二十五個以上出てきた。治療後、友軍による誤射の事実は知らされぬまま、汚染された装甲車に戻る。そして駐留先のドイツに戻る三月初旬まで、隊

乗っていた装甲車の写真を前に、左腕の手術痕を見せるジェリー・ウィートさん（ニューメキシコ州ロスウノス町）

とともに行動した。

誤射と知ったのは、除隊後の九二年三月。ロスアラモス国立研究所に勤務する父が、息子が持ち帰った破片をガイガーカウンターで調べ、放射能を帯びていることが分かったのだ。

「ひどい話さ。九三年にボルティモアの退役軍人病院で尿検査を受けたら、劣化ウランが検出された。でも、正常の範囲だっていう」

体内に取り込まれた劣化ウラン粒子は、肺や腎臓《じんぞう》、やがては血液を通じて骨にもたまるといわれる。ウィートさんは、検査や手術の際に「民間の研究機関でも、取り出した組織や骨を分析してもらいたい」と、病院側に強く要望した。しかし、聞き入れてはもらえなかった。

ウィートさんの体内や寝袋などから取り出された劣化ウラン弾の破片

頭や腕に今も破片

後頭部と右腕には、まだ一個ずつ劣化ウラン弾の破片が残っている、という。毎日、鎮痛剤を取りながらの生活が続く。

「がんでなければ骨を切り取ったりはしないさ。でも、まだ病気に負けるわけにはいかない。子どもが二人もいるからね」。ウィートさんはそう言って、隣の部屋で遊ぶ長男のジョセフちゃん（九）と二男のデレックちゃん（三）を見やった。

二　戦場ツアー

カリフォルニア州バークリー市のアパートの一室。香のかおりが漂う部屋で、キャサンドラ・ガーナーさん（三〇）は、湾岸戦争時のアルバムをくった。

高熱に焼かれて炭化したイラク兵の死体。その死体にカメラを向けるアメリカ兵。劣化ウラン弾で破壊された戦車の上でポーズを取る、引き締まった体形のガーナーさん…。

地上戦終了後一〇日

「これらの写真は、部隊のみんなと戦闘のあった現場へツアーに出かけた時のものなの。クウェート市からイラクのバスラへ通じる『死のハイウエー』と呼ばれた辺りよ」

カリフォルニア州兵のガーナーさんたちは、一九九一年二月初旬にサウジアラビアへ派遣された。そしてイラク国境近くのキャンプで、他の部隊とともに数万のイラク兵捕虜を監視した。地上戦が終わって十日余りが過ぎた三月上旬、部隊長から「後学のために戦場体験ツアーに出かけよう」と提案があった。

「同じ戦場でも、私たちは砲弾が飛び交う前線にはいなかったでしょう。どんな感じなのか、若いみんなは好奇心いっぱい。興奮して出かけたわ」と、ガーナーさんは振り返る。

膨大な数のイラク軍戦車や装甲車、トラックが破壊されていた。その間を走り回って写真を撮ったり、戦場の「土産品」を探し求めた。破壊された戦車の中にまで、何度かもぐり込んだ。他の部隊からも大勢の見学者がいたという。

戦車の表面や砂漠の地表に降り注いだ劣化ウランの微粒子は、風や軍靴の一けりで再び空気中に浮遊し、容易に体内に入り込む。

「私たちはほんとにキッズ（子ども）だった。むごい死体に無感覚だったり、劣化ウランのことなど何も知らずに、汚染地帯を駆け回っていたんだから…」

ガーナーさんにはその後、戦場ツアー以上に危険な任務が待っていた。五月初め、同じ隊の約百五十人が帰還した。しかし、彼女と男性二人は他の場所へ移る。アメリカへ運ぶ戦車や装甲車を洗車するのが任務だった。

「なぜ私が選ばれたのか今でも分からない。とにかく三週間、砲弾の貫通痕《こん》が残るイラクの戦車や自国の戦車などの砂ぼこりを水で洗い落とした。優に百台はあったわ」。任務を終え、彼女が帰還したのは五月下旬だった。

ケージ内の２羽のインコを見つめるキャサンドラ・ガーナーさん。「私をいつも慰めてくれるの」（カリフォルニア州バークリー市）。

約四カ月中東滞在

ガーナーさんの体調不良は、サウジアラビアにいる時から始まっていたという。「頭痛や関節痛、それに月経時の大量出血とか…。今まで一度もなかったことばかり」。二十一歳の健康な体は、約四カ月の中東滞在ですっかり変わっていた。

病状は年々悪化した。九三年には健康上の理由で除隊し、その間に軍病院の婦人科で二度の手術も受けた。筋肉痛や関節痛で、体中が燃えるように痛んだ。仕事に就くこともできず、近くに住む母親のパールさん（五五）や兄弟、友達の援助に頼らざるを得なかった。

政府にだまされた

「私が劣化ウランの危険を知ったのは九七年。中東へ派遣された直後には、名前も知らない錠剤を取らされた。そんなことが自分の病気と関係していると思うと…」。信じていた政府や軍にだまされた、との思いが募った。

「アメリカ政府はよく人権だ、正義だ、平等だって世界に向かって言うでしょう。自分の国でそれが守れなくて、どうして世界の人々にだけ要求できるの」

ガーナーさんは、自身が病に侵されて、戦争の本質や自国の欺まんが見えてきたという。彼女が九年間で学んだ戦争や社会についての多くの事柄。「正直言って、私には余りにも高すぎる授業料だったわ。でも、もう時間は戻せないわね…」。天井を仰いだ彼女の目には、光るものがあった。

三　二次汚染

しの突く雨の中、ようやく探し当てたマイク・ステイシーさん（三二）の家には、貧困が忍び寄っていた。古びたソファ、ほころびたマット…。そのソファに腰を下ろしたステイシーさんと妻のショワンナさん（二七）は、一人娘のキンダーさん（一一）が学校で習ってきたという折り鶴作りに興じていた。

年金一〇万円が収入

「娘のためにも仕事は続けたかった。でも、体が続かなくて…」。ステイシーさんは、悔しさをにじませながら、一九九六年に郵便局を辞めた理由を明かした。それ以後の収入は、退役軍人省から支給される疾病・障害年金の月千ドル（約十万七千円）ほどの収入だけ。電話代などは彼の両親に助けてもらっている。

オクラホマ州北東部のアイノラ町は、人口千五百人足らず。田舎で生まれ育ったステイシーさんは、高校を卒業して二年後に十五歳のショワンナさんと結婚。「軍隊に入って生活を向上させたい。将来は大学へ行く奨学金ももらえるから」と、九〇年四月、四年契約で陸軍に入隊した。

しかし、湾岸戦争がすべての計画を狂わせる。兵士として国のために働いたことは、後悔していない。「でも、その後の軍、退役軍人省の冷たい対応や、妻の健康まで犠牲にすることが分かっていれば、決して入隊はしていなかった」

戦車隊で弾を装填

戦車隊で劣化ウラン弾を装填《てん》するのが任務だった。九一年二月二十四日、イラク軍との地上戦が始まって戦闘に参加。友軍の誤射で、多数の死傷者を出した時は、劣化ウラン弾で破壊された戦車や装甲車から負傷者を救出した。

「劣化ウラン弾を使っているのは知っていた。でも、放射能の危険性なんて全く教えられていなかった」と憤る。彼の部隊は、三月三日の休戦協定後も約二カ月、汚染された砂漠地帯にとどまった。

五月八日、駐留先のドイツで待つ妻子の元へ帰った。何カ月も身に着けたままの戦闘服、軍靴、寝袋…。戦場で使っていた身の回り品と一緒に、知らないまま放射性物質まで家に持ち込んでしまった。

「マイクの帰国直後から私たちまで体調を崩してしまって。特に私は…」。ショアンナさんはそこまで言って夫と目を合わせ、意を決したように言葉を継いだ。

「実はセックスのたびに、私の下腹部は燃えるような痛みに襲われていたの。今でこそ、それが重金属で毒された夫の精液が原因だって理解している。でも、九四年に劣化ウランについて調べている人と出会うまでは分からなくて…」

腹痛、流産、月経時の激しい痛み、頭痛…。劣化ウランを取り込んでしまった彼女の体は、徐々にむしばまれていった。今では香水の香りで気分が悪くなり、太陽光線にも皮膚が敏感に反応する。

体力衰えるばかり

ステイシーさんの体力も衰える一方だった。下痢、関節や足

折り鶴を折るキンダーさん（中央）と一緒に、ひと時をすごすステイシーさん夫妻（オクラホマ州アイノラ町）

の痛み、全身のけん怠感…。これまでにカナダの放射線化学者が、一度彼の尿を検査した。いずれも劣化ウランが検出された。カリフォルニア州の民間医による血液検査では、重金属汚染と診断された。

だが、退役軍人省はそれを認めていない。ステイシーさんが受け取る疾病・障害年金も、戦争による「心的外傷後ストレス障害（ＰＴＳＤ）」が理由である。

「自分たちには健康保険も貯金もない。だから、ひどい扱いを受けても退役軍人病院を頼るしかない。妻も含めて、治療をきちっとしてもらいたい。それが望みなんです」

深夜にまで及んだインタビュー。降りしきる雨の中、懐中電灯を手に車まで見送ってくれた夫妻のすがるようなまなざしが、今も脳裏から離れない。

四　遅れてきた戦死者

「最近になってようやく心の落ち着きを取り戻せた感じ。でも、夜になるとね…」。一九九九年九月に二男のジェーソンさんを失った母親のジーナ・ウィットコムさん（五一）は、職場の一室で、今は亡き息子の写真を見つめた。

オクラホマ州の州都オクラホマシティー。人口約六十万人の街の中心部に、ジーナさんが勤める銀行はあった。

「高校を卒業したばかりのジェーソンが、陸軍入隊のために家を出たのが九〇年八月六日。十七歳の息子が、一年後にはつえを使わないと歩けないなんて夢にも思っていなかったわ」

数カ月で体調激変

空挺《てい》部隊に配属され、九一年一月、サウジアラビアへ向かった。会社員の夫のジムさん（五五）とともに息子を迎えたのは、本国帰還時に休暇で戻った四月初めだった。「その時も頭痛や関節の痛みは訴えていたの。外見は以前と少しも変わらなかったのに」と、ジーナさんは振り返る。

七月半ばになって、ノースカロライナ州の基地に息子を訪ねた夫妻は、自分たちの目を疑った。一八三センチ、八十キロあった筋肉質の体はやせ細り、足をかばうように歩いた。三カ月余で息子の健康状態は激変していた。股《こ》関節や足の痛み、胃腸障害、激しい頭痛など症状は時とともに悪化し、九二年四月、四年の契約を待たず除隊した。

「当時は何が原因か、全く分からなかった。劣化ウランなんていう言葉を聞くようになったのは随分後のことよ」

ジーナさんによると、ジェーソンさんの部隊の任務は、主としてイラク軍が砂漠に設けた武器弾薬庫を破壊することだった。化学兵器も含まれていたらしい。劣化ウラン弾で破壊されたイラク軍の戦車、トラックなどが散乱する汚染地帯にも足を踏み入れた。十分テストもされていない抗化学兵器剤

元気だったころのジェーソンさんの写真を前に、思い出を語るジーナ・ウィットコムさん（オクラホマ州オクラホマシティー）

の臭化ピリドスチグミン（ＰＢ）も強制的に取らされた。

「原因はストレス」

「除隊一カ月後の五月に、地元の退役軍人病院を初めて訪ねたの。医師は、息子の年齢で『そんな病気になるはずはない』と、精神治療を始めた。ストレス、ストレス…最初はこればっかりよ」

むろん、ジェーソンさんの病気は精神治療で治るはずもなく、九四年からは車いす生活に。化学物質にも敏感な反応を示した。やがて人との接触を避け、高校時代から知り合いのショーンさん（二六）とその年に結婚したのを機に、隣のアーカンソー州の自然動物保護区へ移り住んだ。

「美しい自然と澄んだ空気。そこでのボランティア活動をとても気に入っていたの」とジーナさん。一方で自分の病気の原因を突き止めるために、血液検査など全米各地のさまざまな研究プログラムにも加わっていたという。

突然、二六歳の若さで

前向きな生き方をしていたジェーソンさん。だが、九九年九月二十四日、突然の死が訪れる。けん銃によって二十六歳の若い命は散った。

「遺書があったわけではないので、偶発的な事故だった可能性もあるの。でも、検視では自殺ということになっているわ」

ウィットコム夫妻は、息子の死が自殺だとすれば、頭痛や関節炎、腹痛など八年間耐えてきた体中の痛みが極限に達したためだと自分たちを納得させている。死亡後、肺などの組織を研究機関にも送った。

「既に亡くなったジェーソンや一万人の湾岸戦争退役軍人には遅すぎるけど、少しでも原因究明に役立てばと思って…」

原因が分かれば治療法が見つかるかもしれない。しかし、それまでにもジェーソンさんのように「遅れてきた戦死者」の数は、まだまだ増え続けるのだろう。

五　二七分の命

「ここに息子が眠っているのです」。ロバート・ウェストさん（三六）は、そう言うと広大な墓地へと車を乗り入れた。テネシー州の州都ナッシュビル市の南東。静閑な墓地の一角に、目指す墓はあった。

> マイケル・リー・ウエスト　一九九五年一月一八日
> 永遠に私たちの心に

小さな石碑にくっきりと刻まれた名前。「わずか二十七分の命だった。私の腕の中で息を引き取ったのです」。しゃがみこんだウエストさんは、手で文字をなぞった。

長女も耳が不自由

マイケルちゃんの腎臓は、母親の胎内で十九センチにも肥大した。このため他の臓器が圧迫され、正常に発達しなかったのだという。

耳に障害を持つジェシカちゃん

「実は私にはもう一人子どもがいるんですよ。七歳になる長女のジェシカです。今は九六年に離婚した母親のバーバラと一緒に住んでいるけど、娘も生まれた時からほとんど耳が聞こえなくて、ずっと耳に管を入れたままです」

ジェシカちゃんは、ウエストさんが湾岸戦争に参戦して二年後の九三年に生まれた。当時のウエストさん夫妻には、二人の子どもが生まれる間に流産の経験もあった。

湾岸戦争では、陸軍戦車部隊で劣化ウラン弾を扱っていた。「生存者の確認のために、破壊したイラク軍戦車の中を、いつものぞき込んでいたよ。どれだけ劣化ウランのチリを吸い込んだかしれない」

遺伝学者にも相談

ウエストさんの体調は、イラク南部になお駐留中の九一年四月ごろから崩れた。激しい頭痛、下痢、関節の痛み…。六月にドイツの米軍基地へ戻り、九四年一月に除隊するまで、ほとんどをドイツで過ごした。バーバラさん（三二）は、妊娠の都度ナッシュビルに戻り、実家で大事を取った。

「バーバラはセックスのたびに、下腹部が燃えると言って苦痛を訴えた。きっと自分が中東から悪いものを持ち帰ったのだろう。二人ともそう思っていた。でも、本当の理由は何も分からなかった」

マイケルちゃんが生まれた直後、二人は地元の大学病院の遺伝学者に相談した。どちらかが遺伝的な腎臓疾患を持っているのかもしれない、と言われた。しかし、どちらの家族にも腎臓を患った者はいなかった。

「放射線か何かによる遺伝子の突然変異によるものではないか」。ウエストさんの質問にその女性医師は「十分可能性はあるけど、私の理論はまだこの病院では支持されていない」と、カルテには記載しなかったという。

亡くなった長男の墓前にたたずむロバート・ウエストさん。「悲しみは生涯消えません」（テネシー州ナッシュビル市）。

ウエストさんの健康状態は、徐々に下降線をたどった。九六年の離婚後は、ナッシュビルから北へ約二十五キロの小さな町、グッドレッツビルの古里へ戻り、母と日用品店を経営。その傍ら、スクールバスの運転手も務める。

集会で初めて知る

「娘のためにバーバラとは、何でも話し合っている」と言うウエストさん。九七年には、ケンタッキー州で開かれた湾岸戦争退役軍人と家族のための集会に二人で参加した。そこで初めて、退役軍人の他の妻たちの中にも、性交の際に下腹部に痛みを覚えたり、流産や先天性障害の子どもを出産している事実を知った。

「二人とも目からウロコが落ちるという感じだった。それにしても、なぜ軍や政府は、劣化ウランなどの危険について事前に教えてくれなかったのか。私も彼女も怒りを抑えることができなかった」

教えてくれてさえいたら、妻や子どもにまで影響を及ぼさなくても済んでいただろう――。マイケルちゃんの石碑を見つめるウエストさんの目が、そう訴えていた。

六　看護兵

ジョージア州の州都アトランタから北東へ車で約二時間。キャロル・ピクーさん（四三）の家は、トコア町のはずれの丘の上にぽつねんと立っていた。

テーブルに並ぶ瓶

「どう、いい眺めでしょう。ここなら空気も汚染されていないしね。私の体のために、一九九七年にルイジアナ州から家族で移ってきたの」。ピクーさんは、四方に広がる遠くの山々に目を移しながら言った。

古い農家を改造した平屋建て。部屋に案内され、テーブルに置かれたおびただしい数の薬瓶に目を奪われていると、「驚いた？　でも、それは薬じゃなくて各種のビタミンや天然のミネラルよ」と、一つ一つ手にして説明してくれた。

九九年四月から、フロリダ州の開業医にかかり、「ホメオパシー」と呼ばれる自然の治癒力を生かした治療法を採り入れているのだという。食品も有機野菜を中心に有機食品しか口にしない。「私の体は化学薬品や劣化ウランなどで汚染され、免疫性を失っていたの。昨年の四月までは足も立たなかったのに、今では軽い運動ができるまでになったのよ」

十六歳からモデルをしながら、二十二歳で「国のために」と陸軍に飛び込んだ。九一年の湾岸戦争時は、米軍の医療研究機関がそろうテキサス州サンアントニオから「戦闘支援病院」のベテラン看護兵として、夫のアンソニーさん（四一）と一人息子のピアース君（一三）を残し従軍した。

激戦地通過し治療

地上戦（二月二十四日～二十八日）が始まると、三百人収容の野戦用ベッドを半分にし、隊員も半分の百五十人に絞って前線へ。最も激しい戦闘があった「死のハイウエー」を通過しながら、そのそばに野戦病院を設営した。友軍の誤射で負傷した米兵、投降したイラク兵、戦闘地域に住むイラクの住民ら病院を訪ねた全員の治療に当たった。

「一方で殺しながら、他方で助ける。矛盾を感じながらの仕事だったわ。特にむごい死体には、医療従事者としていたたまれなくて…」。当時の写真を示しながら、ピクーさんは深いため息をついた。

部隊は戦闘終結後も、四月初旬までイラク南部に駐留した。しかし、既にその時にはピクーさんの下半身の筋肉は機能しなくなり、失禁するようになった。胃腸の働きもほとんど止まった。

化学戦に備え強制的に取らされた大量の臭化ピリドスチグミン（ＰＢ）、生物兵器用のワクチン、毒性の強い劣化ウラン粒子の体内への吸入…。四月下旬にサンアントニオに戻った時は、甲状腺機能を失い、避妊手術も受けざるを得なかった。九二年からは、カテーテルを使っての排尿が続く。

「病気の原因を突き止めるために、会社勤めの夫と蓄えていた貯金もすべて使い果たした。軍がしてくれたことは、おむつを支給してくれたぐらいよ」

同じ隊の百五十人のうち約四十人が重い病気を抱え、既に十人以上が死亡しているという。

各種ビタミンや天然性ミネラルが入った容器を手に、一つ一つの働きを説明するキャロル・ピクーさん（ジョージア州トコア町）

度重なる嫌がらせ

九五年に除隊した。事実を覆い隠そうとする国防総省や退役軍人省に対する批判的な活動のために、盗聴をはじめさまざまな嫌がらせを受けてきた。が、決して屈することはなかった。

「私は医師と同じように命を救う看護婦という立場に

ありながら、破壊をもたらす戦争機能の一部だった。今は残された人生を破壊ではなく、癒《いや》しのために使いたいの。この体では大したことはできないかもしれないけど…」

九七年と九八年にイラクを訪ねたピクーさん。体調が許せばもう一度訪問し、イラク人と心を通わせたいと願う。

七　防護テスト

アラバマ州の小都市、ジャクソンビル市中心部にあるジャクソンビル州立大学。物理・地球科学部教授のダグラス・ロッキーさん（五〇）は、大学院生の指導を終え、研究室に戻ると「まず、このビデオを見てほしい」と、書棚から一本のビデオを取り出した。

保健物理学者として一九九七年まで陸軍で働き、今も陸軍少佐の肩書を保持する予備役である。

「劣化ウラン弾による汚染から兵士を防護するために製作した、十五分の教育用ビデオだよ。プロジェクト・ディレクターとして、九四年から二年がかりで作った」

戦場での対処説く

劣化ウラン弾が命中し、火球に包まれて燃え上がる戦車、宇宙服のような防護服、防護マスクに身を包み、破壊された戦車に近づく兵士…。ネバダ州のネバダ核実験場で実施したテストの映像を盛り込みながら、劣化ウラン弾の特性や安全な扱い方、実際の戦場での対処の仕方などが分かりやすくまとめられている。

「このビデオのほかに、実験結果を基に劣化ウラン弾に対する兵士のトレーニング、健康チェック、汚染された戦車などのクリーンアップに関するカリキュラムを作成して軍に提出した。すべて軍のトップからの指示によって取り組んだものだ」

ロッキーさんが、最初に劣化ウラン弾の問題に直面したのは、九一年の湾岸戦争の終結直後だった。友軍の誤射などで破壊された戦車や戦闘用装甲車などを、サウジアラビアから船でアメリカに持ち帰る「特別作戦チーム」の現場責任者に任命された時である。三月半ばから三カ月で、二十四台を処理した。この時、作業に従事した約二百五十人は、全員劣化ウランの微粒子を体内に取り込んでしまった。

「劣化ウランについての基礎的な知識はあったけど、本当の危険はまだ知らなかった。上官は安全だと言うし、外気温が四十度以上にもなり、持っていた簡易防護マスクもほとんど使わなかったのが現実だ」

テストで危険知る

すでに中東にいる時から気管支に異常を感じていた。しかし、それは単にほこりっぽい環境に身を置いていたからだという認識しかなかった。劣化ウランの危険を本当に知るのは九四年、実際にテストを始めてからである。

劣化ウラン弾が戦車を貫通すると、戦車内の兵士は仮に火球や爆発から逃れても、一メートル先も見えないほどのウランの微粒子に包まれ、体内被曝《ばく》を免れない。一ミリの千分の一というマイクロ単位の不可視の劣化ウランは、砲弾一個で半径四百メートル近くも飛び散る。特に二十五メートル以内の汚染がひどいという。

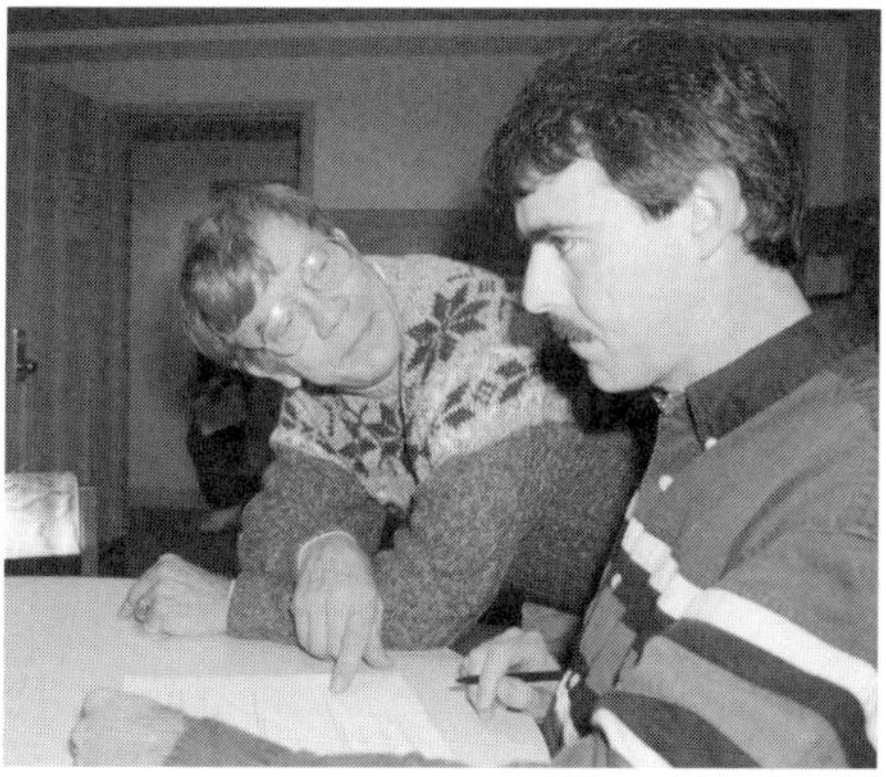

環境に与える放射線の影響について、大学院生を指導するダグラス・ロッキーさん（左）（アラバマ州ジャクソンビル）

「これが戦場だと近距離で何個もの劣化ウラン弾が使用される。だから周辺全体が危険地帯となってしまうんだよ」

実験を基に、ロッキーさんらが作ったビデオなどの防護対策プログラム。それらは今、どの程度生かされているのか。

「すべて機密文書」

「残念だけど、何一つ生かされていない。ビデオは九八年に軍が作り直し、カリキュラムはすべて機密文書扱いだ」。彼は、怒りをぶつけるように早口でまくしたてた。

九六年ごろから軍部に対し、教育プログラムを実施するよう強く要請し始めたロッキーさん。だが翌年、所長を務めていた軍の研究所を閉鎖され、失業する憂き目に遭った。

教材が活用されないのは、ロッキーさんらの提言が余りにも深刻で、コストがかかりすぎるためらしい。

「むろん、コストもある。それに劣化ウラン弾を兵士がむやみに恐れたり、国際世論の高まりで武器が使えなくなることへの懸念があるからだよ」とロッキーさんは、ずばり言ってのけた。

八　法制定

ニューヨーク市から列車で北東へ五十分。コネティカット州ダーリエン市の無人駅に降り立つと、目印の傘を手にしたロバート・ニューマンさん（六九）が、にこやかに迎えてくれた。

「二年の約束でクリストファー・シェイズ議員の補佐官を引き受けた。湾岸戦争に参加した退役軍人の健康問題を調べるためにね。でも週末、週明けにワシントンと地元の間を通うようになってはや五年だよ」。ニューマンさんは、駅からほど近い自宅へと車を走らせながら、感慨をこめて言った。

手紙で切実な訴え

一線を退いた元ジャーナリストの彼に、補佐官就任の声がかかったのは一九九五年。地元選出のシェイズ下院議員（五四）＝共和党＝が「安全保障・退役軍人問題・国際関係小委員会」の議長に選出された時である。

「議員の元には、病気になった地元の退役軍人から何通もの手紙や電子メールが届いていた。退役軍人病院に治療を求めたら『作り話だ』といって取り合ってくれなかったとかね…」

国に奉仕した退役軍人への信じがたい扱い。憤りを覚えたシェイズ議員は、知人のニューマンさんに連絡し、頼んだ。「小委員会で公聴会を開き、実態を調べたい。ぜひ調査に協力してほしい」と。朝鮮戦争体験者のニューマンさんは、迷わずに引き受けた。

九六年三月、退役軍人らを招いて初の公聴会が開かれた。その後、一年八カ月の間に計十四回を重ねた。その間に病気を抱える五十人以上の退役軍人や家族、複数の医師、核物理学者、化学者ら各分野の専門家の証言を得た。

医療記録なくなる

「公聴会を通じていろんなことが明るみに出てきた。例えば、退役軍人のほとんどの医療記録がなくなっていたとかね」。ニューマンさんによると、コンピューターに入力された記録は、ハードディスクごとフロリダ州タンパ市の軍の記録センターに送られたという。しかし、なぜ紛失したかは究明されないままだ。

現役時代の医療記録がないと、現在の病気との因果関係が証明できない。このため、退役軍人病院

「退役兵を見捨てるようでは、若者は入隊しなくなる」と話すロバート・ニューマンさん
（コネティカット州ダーリエン市）

で門前払いに遭うケースも頻発した。

「議会が調査に乗り出すまでの五年前後は、治療や補償を求める退役兵に、国防総省も退役軍人省も手続きに時間をかけた。揚げ句に拒否。いいところ、ストレスを強調するだけだった」。現状を知るにつけ、ニューマンさんは、この仕事から身を引けなくなった。

放射線などに起因

小委員会を構成する十四人の共和・民主両議員は、科学者や退役軍人らの証言を通じて、二つの事実を確信した。①退役兵の疾病が戦場で浴びた放射線や化学物質に起因すること②連邦政府が退役兵を不当に扱っていること。小委員会がまとめた公聴会リポートは、翌九八年十月、二つの法案が成立して実を結んだ。

「法案の骨子は、一つは医療記録がなくても、湾岸戦争退役軍人の病気を中東での兵役によるものと認め、国防総省、退役軍人省に適切かつ迅速な治療と補償を求めている。もう一つは、一般社会では当たり前のことだけど、兵士の同意なしに試薬品を与えることを禁じたものだ」

法案の成立は退役軍人や家族にとって朗報ではあった。しかし、実際の適用となると「全く不十分」とニューマンさんも嘆く。治療と補償に多額の費用がかかるからだ。

「私の今の仕事は、法がきちっと適用されるように退役軍人省を監視することだ」と言うニューマンさんの恐れは、今後十年内に、退役軍人の間にがんや神経障害が激増することだ。「彼らを見捨てることは許されないよ」

決意をこめたニューマンさんの言葉の裏には「国防の任に当たる軍人を大切にしなければ」との、米保守派の熱い思いも重なっていた。

九　国防総省

バージニア州フォールズチャーチ市にある複合ビル九階。厚いドアを押し開け、奥の部屋に案内されると、元陸軍大将のデール・ベッサーさんが待っていてくれた。軍役を離れた今は、国防総省（ペンタゴン）が一九九六年十一月に設立した「湾岸戦争疾病に関する特別援護局」（O

SAGWI）の局次長を務める。

批判に援護局を設立

「湾岸戦争で大勢の兵士が病気になっていながら、ペンタゴンは何もしていない」。退役軍人や議会などから批判を受ける中、「今後は客観的で、徹底した疾病についての調査をする」との目的で、特別援護局は誕生した。

ベッサーさんとのインタビューには、医学担当者ら四人も加わった。いかにもガードを固めてといった物々しい雰囲気が漂った。

「湾岸戦争に参加した兵士たちの病気の原因として、劣化ウランや抗化学兵器剤である臭化ピリドスチグミン（PB）、油田火災、対生物兵器用ワクチン、化学兵器物質など、いろいろと言われている。しかし、現時点で退役軍人の病気が、これらの物質にさらされたことが直接の原因とは考えていない。PBだけは除外できないかもしれないがね」

ベッサーさんは、思いのほか穏やかな口調で切り出した。劣化ウランの影響を否定する根拠を尋ねると、「それはね…」と身を乗り出して続けた。

「調査を委託しているシンクタンクのランド・コーポレーションによると、影響があるとする科学的文献は見当たらない。ボルティモア退役軍人病院では、誤射によって劣化ウラン弾の破片を体内に受けた兵士たちの健康調査をしている。確かに尿などに劣化ウランは含まれているが、ここでも病気との関連は見つかっていない」

「危険性想定せず」

だが、その中の一人は、既に他の退役軍人病院で左腕の骨の手術を受け、本人は骨がんと信じている。この話をただすと、ベッサーさんは「そのケースは知らない」としながら、さらに説明を加えた。

「湾岸戦争後にがんになったと主張している退役軍人の多くは、劣化ウランなどの影響ではなく、もっと以前からがん因子を持っていたと考えている。が

「科学的調査に基づく判断を一番大切にしている」と語るデール・ベッサーさん（バージニア州フォールズチャーチ市）

んの発生までには十年〜二十五年の時間がかかるからだ」

しかし、国防総省内には劣化ウランを体内に取り込むと、肺や腎臓などの臓器に影響を与えるとの危険を指摘した内部文書が湾岸戦争以前から存在していた。そうでありながら、なぜ兵士たちに警告を与えなかったのか。

ベッサーさんは慎重に言葉を選びながら言った。「劣化ウラン弾が実戦で大量に使われたのは、今回が初めてだった。だからその危険性については、あまり考えていなかった。劣化ウラン弾によって破壊された戦車などに登って、不必要に被曝したのは残念なことだった。しかし、健康に影響するほどのことではない」と。

将来の使用も明言

国防総省は九八年から、地上戦に参加した兵士たちの被曝の事実だけは公式に認めるようになった。が、疾病との関係については頑《かたく》なに拒み続ける。将来の紛争や戦争で、劣化ウラン弾を使う可能性についても否定しない。

「劣化ウランによる人体への影響については、今のところ科学的な裏付けがない。逆に劣化ウラン弾は、戦車の破壊などで絶大な威力を発揮した。劣化ウラン弾は、核兵器のような大量破壊兵器ではなく、通常兵器だ。フランスやロシアも輸出しており、国際法違反ではない。コソボ紛争の時のように、将来も使われるだろう」

ベッサーさんは「退役軍人の病気の原因については、態度をオープンに今後も見守る」と力説した。しかし、言葉とは裏腹にその姿勢は、退役軍人の言う「事実を見るな、見つけるな」政策を貫いているとの印象をぬぐえなかった。

一〇　ロビー活動

落葉樹に囲まれたバージニア州フェアファクス市の自宅裏のベランダで、ポール・サリバンさん（三七）は、一人娘のエアーインちゃん（四）とたわむれていた。

「このところ、ずっと忙しくてね。下院議会の公聴会や、科学アカデミーでの証言とか…。日曜にこうして娘と過ごすのが何よりのストレス解消法だよ」。サリバンさんはそう言いながら、妻のダニエルさん（三四）に娘をあずけ、そばのいすに腰を下ろした。

全米の六〇団体結集

米国各地に散らばる六十の組織からなる「全米湾岸戦争リソース・センター（NGWRC）」の事務局長である。職場は自宅から東へ約四十キロ、ワシントン市街地の地下の一室にある。「スタッフは私ひとり。議会へのロビー活動からメールの郵送まで何でもこなしているよ」と苦笑する。

センターが誕生したのは一九九五年三月。慢性気管支炎などに苦しむサリバンさんら湾岸戦争に参加した兵士たちが次々と発病するなか、情報交換や相互扶助を目的に、退役軍人や家族らによるグループが全米各地に生まれた。やがてインターネットで互いに結ばれ、テキサス州ダラスに約二百人が結集して旗揚げした。

「アメリカは人類初の原爆を広島、長崎へ投下した。東西冷戦下の一九四〇～六〇年代には、太平洋やネバダ核実験場で二十五万人以上のアトミック・ソルジャーを生み出した。その上、湾岸戦争やコソボ紛争では、新たな放射能兵器まで使った」。サリバンさんは世界の多くの市民を巻き添えにし、自軍兵士をも犠牲にしてきた政府の核政策を厳しく批判した。

法の制定勝ち取る

放射線の人体への影響について何一つ教えられなかった被曝米兵。サリバンさんは「彼らは病魔に侵されても『守秘義務』の縛りをかけられ、家族にさえ核実験参加を伝えることができなかった」と言う。被曝米兵が特定のがんにかかった際に補償がもらえるまでに約四十年、ベトナム戦争で枯れ葉剤散布の影響を受けた退役軍人が補償されるまでに二十年以上の歳月がかかった。

「われわれは彼らから多くの教訓を学んだ。そして湾岸戦争から七年後に、退役軍人病院での無料の病気治療と、疾病・障害年金を認める『一九九八年湾岸戦争退役軍人法』を勝ち取った」。サリバンさんらは、法制定を「一歩前進」と受け止める。

一〇〇%の補償が認められると年間二万五千ドル（約二百六十七

一人娘のエアーインちゃんと遊ぶポール・サリバンさん。「手足の指が10本そろっているか確認するまで心配だった」（バージニア州フェアファクス市）。

万円）ほどになる。だが、それだけもらっている数はわずかにすぎない。しかも、劣化ウランによる放射能や重金属汚染と、疾病との因果関係が認められたケースは皆無である。

「ペンタゴン（米国防総省）の意図ははっきりしている」とサリバンさんは言う。対戦車砲として優れる劣化ウラン弾を、軍は今後も使用する。武器製造企業の利益を図り、海外へも売り込む。放射性廃棄物であるウラン２３８の処理にも一役買う、というわけである。

兵器の廃絶が目標

だが、最近の動物実験などから、劣化ウランの影響が判明しつつある。微量とはいえ、劣化ウラン弾に猛毒のプルトニウムが含まれている可能性も出てきた。こうした一つ一つの事実は、サリバンさんらが情報公開法などで得た資料から明るみに出たものだ。

「これからも政府に病気の原因解明を求め続ける。そのことが、退役軍人や家族の病気治療、補償に役立つばかりでなく、非人道兵器の使用禁止にもつながっていくと信じるからだ」

政府のごまかしを認めず、真実を求めようとするサリバンさんらの強い決意と行動力。その闘いは、軍事超大国アメリカが抱える足元の矛盾を正そうとする、正義と民主主義への挑戦でもある。

第2章

裏庭の脅威

——アメリカ——

アメリカ軍が湾岸戦争で初めて実戦で使った劣化ウラン弾の弾芯の貫通体は、マサチューセッツ州とテネシー州の二カ所の軍需工場で生産された。放射能兵器はイラク軍戦車に絶大な威力を発揮した。が、一方で自軍兵士にも被曝などによる深刻な健康被害をもたらした。アメリカ市民の身近にある生産現場周辺の町々を訪ねてみると、ここでも放射能汚染による環境や人体への影響が、暗い影を投げかけていた。

一　ずさん投棄

マサチューセッツ州の州都ボストンから北西へ約三十キロ。独立革命の発端となった歴史の町コンコードの南西端に、劣化ウラン弾の貫通体を製造するスターメッツ社はあった。人口約一万八千人。森に囲まれた閑静な住宅地にある数少ない工場である。

「この工場の敷地は今、州政府が定める最も有毒な廃棄物汚染地に指定されているんだ」。案内してくれた地元のボランティア教師、ジャック・スコットニッキーさん（五七）は、そう言って敷地内の通路に車を乗り入れた。

「建物の裏にあるため池や湿地に、何十年も劣化ウランのスラッジ（汚泥状の廃物）や汚染水などを投棄してきたんだからね。以前は煙突群からも、大気中に劣化ウランの微粒子が流れ出していたよ」

近郊住民の飲料水

小高い位置にある工場の下方には、幹線道路を挟んで近くにアサベット川が流れている。川辺りの側道に車を止めたスコットニッキーさんは「この川の水は、コンコード近郊住民の飲料水として使われている。ここが汚染されるようなことがあったら大変なことになる」と、険しい表情で川面を見やった。

スターメッツ社は一九五八年、核金属社（ＮＭＩ）という名前で設立された。原爆製造過程で生まれた放射性廃棄物の劣化ウラン（Ｕ２３８）の利用方法などを研究するため、近くのマサチューセッツ工科大学の学者らと協力。完工式には、当時上院議員だったジョン・Ｆ・ケネディ元大統領も出席して門出を祝った。

「初期には、核分裂性物質のウラン２３５を使った研究もしていた。その証拠に廃棄物の中にその物質が含まれていたんだ」とスコットニッキーさん。

穴掘り遮へいなし

軍との契約による劣化ウラン貫通体の本格的な生産は、七〇年代に入って始まった。八〇年代にかけての最盛期には、六百人を超す従業員を抱える企業にまで成長した。しかし、生産優先の企業体質は、放射性廃棄物のずさんな投棄につながった。工場の裏につくった廃棄物用のため池は、文字通り穴を掘っただけ。コンクリートなどによる遮へいもない池に、八五年までに劣化ウラン百八十一トン、銅三百十七トン、それにウラン235が三百六十キロ以上もたまっていた。

地元の有志が調査

「信じられるかね、こんなこと」。スコットニッキーさんは大げさに肩をすくめた。こうした実態が分かったのは、地元有志が八九年からNMIについて環境調査を始めたのがきっかけだった。

NMIは九七年にイメージチェンジを図って社名を変更。九八年九月までに、州の環境保護局の指導などもあり、八百二十万ドル（約八億七千七百万円）のうち、契約相手の陸軍から六百五十万ドルの資金援助を得て、ため池にたまった約六千百立方メートルの汚泥を取り除き、ユタ州の低レベル放射性廃棄物貯蔵所へ運んだ。

アサベット川のそばに立ち、劣化ウランによる汚染を心配するジャック・スコットニッキーさん（マサチューセッツ州コンコード町）

出た汚染水は、既に周りの土壌や地下水を汚染していたのだ。

「しかし手遅れだった」とスコットニッキーさんは言う。毒性の強い放射性物質の汚泥からにじみ

スターメッツ社見取り図

二 汚染除去

「スターメッツ社の汚染状況は深刻です」。マサチューセッツ州職員で環境アナリストのスティーブン・ロバーソンさん（四一）は、同僚の現場調査官クリストファー・パイアットさん（三九）と同社の見取り図を前に顔を見合わせた。「問題は汚染除去作業に必要な経費をどこからひねり出すかなんですよ」

同州ウィルミントン市の州政府環境保護局北東支部ビルの一室。二人は、コンコード町にあるスターメッツ社（旧核金属社）の放射能汚染問題の担当者である。

一〇億円を見積もる

「一九九七年から九八年にかけて、劣化ウランなどのスラッジをため池から取り除いたのは一歩前進。しかし、クランベリー湿地のスラッジや地下の汚染水、汚染土壌を取り除くには前回以上の金が必要でね」と、ロバーソンさんらは思案に暮れる。

州環境保護局の見積もりでは約一千万ドル（約十億七千万円）かかる。地下の汚染状況の広がり次第では、五倍に膨らむ可能性もあるという。

本来は汚染源のスターメッツ社が負担すべきなのだろうが、ここ数年は軍との契約が少なく、経営不振が続く。従業員も百人足らずと最盛期の六分の一以下に減少した。州政府にもその資金はない。前回のように陸軍に頼るか、連邦政府環境保護局が国内の最汚染地区の除染を目的にプールしている「スーパーファンド」資金の適応を受けるほかない。

しかし、地元の上下両院議員らの軍への働きかけにもかかわらず、「軍の財布のひもは固い」とロバーソンさん。

一方で、スーパーファンド適応認定地となることに、コンコード住民の間には抵抗があるとも言われる。「町には歴史や文化への誇りがあり、高級住宅地としてのイメージも定着している。認定でイメージが崩れ、不動産価格も下がるというわけだよ」

ロバーソンさんらは、住民参加のタウン・ミーティングなどで州の立場を説明してきた。基本は住民の選択を尊重しつつも「除染作業ができれば資金源は問わない」との姿勢である。

「汚染物質の放置ほど、危険なことはない。社の敷地外に広がるようでは、町のイメージなんて言ってられないからね」と、パイアットさんが言い添えた。

国の甘い規制が問題

それにしても、なぜスターメッツ社の汚染がここまで放置されたのか。

「核物質を扱っている以上、営業の許認可は原子力規制委員会（NRC）が握っている。日々の活動への規制や監視も、NRCが中心。が、実質的な規制はなく、八五年まではほとんど野放し状態だった」

ロバーソンさんの説明を聞きなが

「住民の健康を守るのがわれわれの務め」と話すクリストファー・パイアットさん（左）とスティーブン・ロバーソンさん（マサチューセッツ州ウィルミントン市）

ら、九九年九月に茨城県東海村の核燃料加工会社ジェー・シー・オー（JCO）で起きた臨界事故のことを思った。ずさんな作業実態を放置した科学技術庁の在り方は、そのままNRCの規制の甘さと同じである。

州環境保護局が調査のため、スターメッツ社に初めて入ったのが八五年。それも劣化ウランによる放射能汚染ではなく、工場内にある井戸水が化学溶液で汚染されていたためだった。本格的な放射能汚染調査を始めたのは九一年に入ってからである。

地下水移動を警戒

今ではため池周辺の地下水の劣化ウラン含有量は、一リットル当たり八万七千マイクログラムと、州の上水用基準（一リットル当たり二十八マイクログラム）の約三千百倍。土壌は一キログラム当たり平均四百六十ミリグラムで、州のクリーンアップ基準（一キログラム当たり二十ミリグラム）の二十三倍にも達している。汚染地下水は、既にため池からアサベット川方向の敷地境界に向かい、大きく移動しているとみる。

「前回はスラッジを取り除くだけで要請から七、八年かかった。だが、その余裕はもうない」。ロバーソンさんらの表情には、危機感すら漂っていた。

三　三〇歳の死

薄暗い森の中の通りを抜け、しばらく走ると目指すジャネット・ケナリーさん（六六）の家はあった。

「わざわざ広島からですか…」。玄関で迎えてくれた彼女は、差し出した名刺をまじまじと見つめながら、シャンデリアの光に照らされた食堂のいすに腰を下ろした。

「実はね、ダイアンの死のことは、ここ何年か人に話していないの。素人ではいくら調べてもスターメッツ社と娘の死の因果関係は立証できないものね」とケナリーさんは、長い間封印してきた思いをぽつりぽつり打ち明けた。

通り別、丹念に記入

「ほら、これが私が調べた近所のがん患者の実態よ」。彼女はB４判の用紙三枚をテーブルに広げた。「がんの発症・コンコード在住十年、もしくはそれ以上」と題した記録には、がんの種類、発症年、年齢、死亡の有無などが通りごとに区分され、丹念に記入されていた。

ケナリーさんの住む一角は、マサチューセッツ州コンコード町のほぼ南端中央部。南西端にあるスターメッツ社（旧核金属社）の風下約三キロに当たる。「私たち家族がここへ移ったのは一九六六年。長女が四歳、がんで亡くなった二女が三歳、長男はその年にここで生まれたの」

周りの家々も、ほぼ同じころに建てられた。彼女が調べた十七の通りを合わせても百世帯に満たない。その中で九七年までに、五十四人のがん患者を確認した。「一番不思議なのは、私と同じ通りに住む七世帯の間に三人が二十代で、一人が三十代でがんにかかったの。うち三人は肺がんよ」。ケナリーさんはリストの最初に記載したオールデン通りの記録を指さした。

本格生産と重なる

一方が行き止まりの短いオールデン通りは、交通量が少なく、子どもたちの格好の遊び場だった。子どもたちの成長期は、スターメッツ社が、七〇年代に入って劣化ウラン弾の貫通体の生産を本格化する時期と重なる。

スターメッツ社が劣化ウランのスラッジや汚染水を投棄して敷地内の地下水や土壌を汚染したように、煙突群などから劣化ウランの微粒子が飛び出し、敷地外の表土を汚染していたこともはっきりし

「どう見ても異常」と、自分で調べたがん記録を手に話すジャネット・ケナリーさん（マサチューセッツ州コンコード町）
円内はダイアンさん

ていた。

例えば、ニュージャージー州の汚染土壌専門の研究所が九四年に実施した調査結果によると、社の敷地のはずれから三百～千三百メートルの六カ所の測定地点で、この地域の自然値（一ピコキュリー）より最高十八・九倍の劣化ウラン微粒子が検出された。ニューヨーク州では、劣化ウラン微粒子が工場から約四十キロも離れた所で見つかってもいた。

「ダイアンが肺がんだと診断されたのは八六年、二十三歳の時よ。看護婦だったから『喫煙もしない自分が二十代でなぜ肺がんに…』って、随分自問していたわ」。最後まで気丈だったダイアンさんだが、九三年十月、肝臓へがんが転移し、息を引き取った。

ケナリーさんがスターメッツ社に疑問を抱き始めたのは、二女の死から二年後の九五年である。地元紙がコンコードのがん罹《り》患率の高さを報じた時だった。「娘の死の原因を突き止めて無念を晴らしたい」。そんな思いからケナリーさんの調査は始まった。

不快感示す入居者

しかし、新しい入居者の中には調査に不快感を示す人もいた。「そんなことをすれば家を売る時の価格が下がるってね…」

失望が重なるにつれ、ケナリーさんの調査への気力もなえた。「でも、がんにかかった肉親を持つ家族の多くは、心の底でスターメッツ社に疑念を抱いていたわ。口に出さない人も含めてね」

久方ぶりにダイアンさんの死や思い出を口にしたケナリーさんは、別れ際にぽつりと言った。「原爆投下は広島の人たちに大きな苦しみを与えた。きっとその人たちなら、私の気持ちを分かってもらえるかしら…」

四　疫学者の目

火曜日の午後。マサチューセッツ州コンコードから、州都ボストン市南部のリチャード・クラップさん（五四）宅を訪ねた。放射線被曝とがんの関連を研究する疫学者である。ボストン大学医学部准教授として環境衛生学も教える。

「コンコード住民のがん罹患率が、州内の他の地域より一般に高いというのは事実だ」。書斎の書棚から取り出した関連資料を手に、クラップさんはこう切り出した。「劣化ウランを扱うスターメッツ社への住民の関心が高まった折に、調査データを公表したこともある」

白血病などは二倍

クラップさんは一九八〇年に設立された州のがん登録センターの初代所長を務めた。八九年まで勤務し、この間に調べた八二年〜八六年のコンコード在住男性の白血病と多発性骨髄腫の罹患率につい

「低線量放射性物質でも劣化ウランの影響を軽く見るのは間違い」と強調するリチャード・クラップさん（マサチューセッツ州ボストン市）

て「州の他地域に比べ、ほぼ二倍高い」と、九一年に明らかにした。「人数は十人だけど、統計的には有意差がはっきりしていた。広島、長崎の被爆者のケースからも、白血病と多発性骨随腫は放射線に最も影響を受けやすいがんとして知られている」

クラップさんは類似例として四〇年代半ば以降、太平洋やネバダ核実験場（ネバダ州）で続けられた大気圏核実験に参加した被曝米兵や、汚染されたハンフォード核兵器工場（ワシントン州）で働いた労働者の事例を挙げる。どちらのケースも、二つのがんの増加傾向が明確に出ているという。

コンコード住民のがん罹患数については、地元の元電気技師ウィリアム・スミスさん（七一）ががん登録を基に調べた八二年〜九〇年の詳細な記録もある。九五年に公表されたそのリポートによると、州内平均に比べ甲状腺がん二・五倍、睾《こう》丸がん二・二倍、骨髄腫一・九倍、黒色腫一・八倍、脳腫瘍一・五倍、乳がん一・三倍などとなっている。

同じコンコード住民で、九五年から二年がかりで近所の約百世帯についてがん発症の実態を調べ、二女のダイアンさんを含め五十四人のがん患者を突き止めたジャネット・ケナリーさん。彼女がまとめた記録をクラップさんに提示してみた。彼は大きな目をいっそう見開いて三枚の用紙にしばらく見入った。

「いや、これは驚くべき資料だね。こんな調査をしているなんて全く知らなかったよ」。同じ通りに住んでいた二、三十代の若者が、ほぼ同じ時期に四人もがんを発症する。うち三人は肺がん…。

退役軍人を調査中

現在、クラップさんらボストン大学医学部環境衛生科のスタッフは、マサチューセッツ州在住の湾岸戦争退役軍人の病気と劣化ウラン弾などとの関連を調査研究中である。劣化ウランの微粒子が体内に入り、肺に着床すると肺がんを起こす可能性が高いことは知られている。それだけに、余計にコンコードの若者のケースが疑問に思えるという。

「でもね、私が調べたケースも含め、これだけでスターメッツ社を犯人と決めつけることはできないんだ」とクラップさんは付け加えた。「例えば、白血病や多発性骨随腫にかかった人がスターメッツ社の労働者なのか、近くに住んでいたのか。どの程度の被曝線量だったのかなど、本当はもっと追跡する必要がある」

一〇〇％の裏付けがなければ断定できないというのは、専門家として当然のことだろう。だが、クラップさんはこうも言った。

住民の勇気づけに

「核兵器関連工場や研究所、核燃料や核廃棄物施設、兵器の実射場や廃棄場、原子力発電所など、放射線にさらされる可能性のある地域の住民が、その問題に関心を寄せるのは当然のことだ。私たち医療専門家は、そうした人たちの懸念にこたえねばならない」

独立した専門家の支援。コンコードの住民や、湾岸戦争退役軍人らにとって、クラップさんのような研究者の存在が何よりの勇気づけとなる。

五　草の根市民

「考えられることはすべてやってきたわね」「そうね。でも、まだまだこれからよ」…。作家のメアリー・ウィリアムズさん（五六）と元高校教師のジュディ・スコットニッキーさん（五七）は、十一年間の草の根市民活動を振り返りながらこもごもに言った。

放射能汚染を告発

マサチューセッツ州コンコードのジュディさんの自宅に集まった「市民による調査・環境監視（CREW）」のメンバーたち。共同創設者の女性二人は、仕事や子育ての傍ら、一九八九年以来、劣化ウラン弾の製造にかかわる地元スターメッツ社（旧核金属社）の放射能汚染問題を中心になって告発してきた。

「会社や町の有力者らからはエキストリミスト（極端主義者）だなんて言われながらね。だけど要求してきたことは安全な市民生活を守るという素朴な要求ばかりよ」。初代会長を務めたメアリーさんは、ほおを染めて言った。

CREWが最初に取り組んだのは①スターメッツ社が取り扱う劣化ウラン物質の防護対策　②火災時の住民の避難計画　③敷地内に投棄された放射能汚染物質の除去と時期の設定　④そのための財源確保―だった。千人近い署名を集め、九〇年に町健康委員会に提出した。

「反応はさんざんよ。納税やら学校、病院などへの寄付で地域に貢献してきた企業でしょう。何の回答も得られなかったわ」とジュディさんは大きく肩をすくめた。

専門家が関連資料分析

九一年にはＣＲＥＷが雇った核物理学者が、原子力規制委員会や州環境保護局に保管された千二百ページ分の関連資料を分析、その結果を発表した。湾岸戦争で停戦協定が成立してひと月とたたない地元紙のミニットマン・クロニクル（三月三十一日付）には、当時のことがこう記されている。

「湾岸戦争で多国籍軍は、核金属社が造った劣化ウラン貫通体を使用し、イラクの戦車破壊に貢献した。しかし、製造下のコンコード住民は、兵器生産などに使われているウランが、彼らの将来の健康の脅威になると懸念の声を上げている」と。

資料分析により、劣化ウランなどによる会社敷地内の地下水や土壌の汚染、敷地外へのウラン微粒子の飛散も判明した。五十近い煙突の中でフィルターが使わ

スターメッツ社の空撮写真をそばに、放射能汚染除去の進め方について話し合うジュディ・スコットニッキーさん（左から３人目）、メアリー・ウィリアムズさん（右端）らＣＲＥＷのメンバー（マサチューセッツ州コンコード町）

れていたのはわずか二個。劣化ウランの特徴である高い発火性により、製造過程で小さな火災を何度も起こしている事実もつかんだ。

集会やタウンミーティングでの訴え、新聞への投稿、署名活動、コンコード保健委員会や州環境保護局、会社との交渉、専門家を雇っての土壌の汚染調査…。

完全な除去求める

「私たちはこの十一年間、劣化ウランによる汚染や危険性を自ら学び、あらゆる方法で地域の人たちに伝えてきたの。少しずつ理解は得られていると思うわ。でも、まだ大量に残っている会社内の汚染土壌や地下水を取り除くという差し迫った課題があるのよ」とジュディさん。

ＣＲＥＷのメンバーは、連邦政府環境保護局の「スーパーファンド」の認定を受け、一刻も早く除染作業にかかることを求めている。二〇〇〇年に入ってようやくその方向で進もうとのコンセンサスが町民の間に出てきたともいう。

ジュディさんたちの取り組みは、完全な除染作業を会社や関係機関に迫るだけではなかった。活動を通して、劣化ウランなどの放射能汚染問題を抱える他の地域とのネットワークや、病気に苦しむ湾岸戦争退役軍人とのつながりも生まれていった。

「劣化ウラン弾の使用が人々や環境にどれほど悪影響を及ぼしているか。それを考えると、劣化ウラン弾の製造を禁止させることもコンコード住民の責任だと思うの」

ジュディさんの言葉にうなずくＣＲＥＷのメンバーの活動は、新たな広がりを見せている。

六　無期限スト

面接で「危険なし」

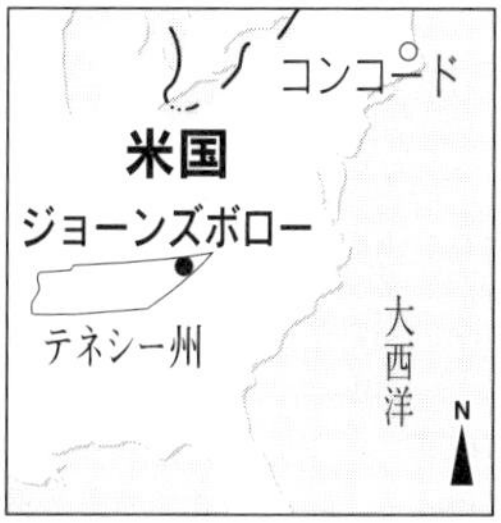

東西に長いテネシー州のほぼ東北端。アパラチア山脈のふもとにあるジョーンズボローは、人口四千人足らずの州内最古の町である。その中心部から南西へ約五キロ、町はずれにエアロジェット軍需テネシー（ＡＯＴ）社の工場が広がっていた。

「劣化ウラン弾の貫通体を造っているのは、全米でマサチューセッツ州コンコードのスターメッツ社とここだけだ」。かつてテネシー核スペシャリティーズ社と呼ばれた工場近くに住む元従業員のマイケル・エラムさん（四五）は、仕事の手を休めて言った。

自宅地下に設けた作業場。エラムさんは長く伸ばした口ひげをさすりながら話を続けた。「AOTは戦車用の一二〇ミリ砲なども造るけど、主流は空軍に納める三〇ミリ砲だ。湾岸戦争時にA10飛行機から盛んに使われたやつさ。中には自分たちが造ったのも入っていたかもね…。とにかく、ひどい作業環境だった」

高校卒業後、繊維会社に勤めていたエラムさんは、結婚を機に「少しでも給料のいい所を」と一九七九年に転職。応募の面接の際に初めて造っている商品を知った。原料の劣化ウラン（U238）については「電子レンジを使っている時に、近くにいる程度のことだ。何の危険もない」と教えられた。

床に飛び散る溶液

U238の金属物質が貫通体として完成するまでには、約一六〇〇度の高熱で焼いたり、酸化溶液に浸したり、シリンダー状に延ばしたりなど、いくつもの工程を経なければならない。

元AOT従業員のマイケル・エラムさん

今も劣化ウラン弾の貫通体を造るエアロジェット軍需テネシー社の工場（テネシー州ジョーンズボロー町）

その過程で小さな爆発が起きたり、ウラン溶液が床に飛び散ったりする。ほこりが充満していても、集塵《じん》機さえ働いていなかった。

「身に着けているのは、つなぎの綿の作業服に手袋、安全靴だけ。放射線防護なんてあったものじゃない」。エラムさんは苦々しそうに言った。

ひどい環境は建物内だけでなかった。酸化ウランのスラッジや汚染水は、敷地内に掘ったため池に捨てられた。池にたまった汚染水がいっぱいになると、工場のそばを流れる小川に流した。野鳥やフェンスを越えて入ってきたネコなどの死がいが、よく池の縁に転がっていたという。

当時、工場の生産現場で働いていた労働者は約百人。作業環境の改善申し入れに応じない会社に対して労働組合は八一年五月、「健康と安全」のために職場離脱の権利を認めた労働法を盾に、無期限ストライキで立ち上った。

会社は譲らず、その年の八月には他の労働者を雇い入れ、窓を遮へいして生産を再開した。「この地域にはめぼしい産業がないから、職探しが大変なんだ。だから少々劣悪な環境でも仕事を求めて人が集まるんだよ」

闘争なお妥結せず

副委員長だったエラムさんら組合員は、上部団体から一人当たり週二十五ドルの支援を得ながら闘いを続けた。が、それだけでは暮らしていけず、家や車を手放したり、さまざまなアルバイトをしたりして食いつないだ。

組合は連邦政府の労働委員会に調停を申し入れる一方で、翌年二月には組合員の職場復帰を無条件に認めた。

しかし、その時は既に職場はなく、復帰できた組合員はごく少数にすぎなかった。エラムさんら組合リーダーは「ブラックリスト」にのせられ、地域では職にありつけなかった。彼はやがて、家の修理から工芸品までを手掛ける自営業の道を選んだ。

「八〇年代は軍からいくらでも仕事があった時代。会社は労働者の健康や福祉、地域の安全より、もうけを優先した。監視する立場の原子力規制委員会も、何の規制もしなかったんだからあきれるよ」

厳しい口調で当時を振り返るエラムさんらのＡＯＴとの闘いは、いまなお妥結をみていない。

七　健康障害

週末の朝。明るい光が差し込むアパート三階の窓辺から望むテネシー州ジョーンズボローの中心街は、閑散としていた。

「教会も店もみんな古い建物だけど、このたたずまいが好きでね」。ポール・ハシュコさん（五五）は、窓辺に気持ちよさそうに寝そべる愛犬をなでながら通りを見やった。町のごみ収集に当たる仕事日は早朝に出かけ、夕方まで大型収集車のハンドルを握る。

「最近は関節痛が激しくなったり、目が悪くて体のバランスを欠いたりするんだ。みんなエアロジェット軍需テネシー（ＡＯＴ）で働いていた時に吸い込んだ劣化ウランのせいだよ」

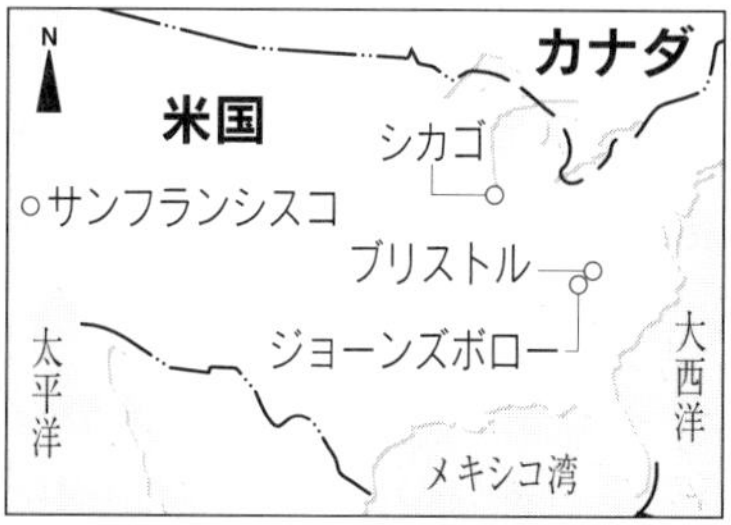

鼻紙が緑色に変色

シカゴ生まれ、サンフランシスコ育ちのパシュコさんが、この地に移ったのは一九七九年。バージニア州ブリストルに住む妻の母親の面倒を見るためだった。翌年三月にAOTに就職。一年余り劣化ウラン弾貫通体の生産に従事した後、八一年五月、作業環境の改善を求め労働組合のストライキに加わった。

「鼻をかんだ紙が、劣化ウランのために緑色をしていたよ。作業服に付着した粒子は、洗っても取れなかった」。ハシュコさんは、就職後しばらくして気管支の不調を自覚するようになった。

会社との交渉は決裂し、収入がほとんど無くなり、妻の理解が得られぬまま八三年には離婚した。連邦労働委員会の調停に基づき、職場に復帰できたのは八六年。「作業環境はよくなっているだろう。そう思って戻った。安定した収入や健康保険が得られるのも魅力だった」と振り返る。

作業服二五〇人分破棄

確かに五年前に比べ、作業環境は改善されていた。それでも事故や十分な防護措置を取らないため、規定の放射線量を超えて被曝する者が相次いだ。作業服二百五十着分が高い放射線量を示し廃棄されたこともあった。

六年半働いた末に白血病になった男性労働者。ハシュコさんのように関節痛や気管支障害を訴える者もいた。自らの体調不良に加え、安全面の不備を指摘する彼は社からにらまれ、九二年に再び離職した。

八一年当時の職場仲間には、がんで闘病を続ける者もいる。「工場のそばに住む四十代の夫妻は、どちらもがん患者だ。ほかにも工場の周辺に長く住む住民には病気を抱える人が多い。近くには高校だってあるんだ…」

それでも周辺住民の多くは、AOTが何を造っているかさえ、いまだに知らないという。劣化ウランのことも、放射線の人体への影響についても知る人は少ない。マサチューセッツ州コンコード住民がスターメッツ社に働きかけているような動きは、ジョーンズボローでは起きていない。

湾岸戦争退役兵の自宅を訪ね、健康状態について話し合うポール・ハシュコさん（左）（テネシー州ジョーンズボロー町郊外）

「九三年に湾岸戦争の退役軍人の一人が、テレビで病状を訴えていた。関節痛、視野狭窄《さく》、頭痛…。

あまりにも自分の症状と似ているのでショックだったよ」。ハシュコさんはそれ以後、地元の湾岸戦争退役兵の支援をしたり、他州に出かけて自身の体験を語ったりしてきた。

そして九九年九月、ストライキから十八年ぶりに労働委員会の決定が下った。「会社に対し、労働者約百人が失ったこれまでの給料分と利子を払うように命じたんだ。われわれには朗報だったけど、AOTは決定に従わず控訴裁判所に訴えている」とハシュコさんは怒気をにじませて言った。

国防への貢献誇り

労働委員会の決定に対するAOTの見解や、生産状況などを知るために取材を申し入れたが、素っ気なく断られた。

入手した九八年の会社概要には「これまでに高品質の大・中口径の貫通体を三千万個近く造ってきた」「砂漠の砂嵐作戦では、その威力が証明された」「AOTは国防に貢献できることをこの上なく誇りにしている」と記す。

ほこりにまみれて健康を失ったハシュコさんらの要求は、AOTにはなかなか通じない。

八　工場閉鎖

「ここが工場の閉鎖跡だよ。今も除染作業が続いている」。核科学者のレナード・ディーツさん（七七）の指さす向こうには、フェンス越しに、うずたかく積まれた土が夕日にシルエットをなしていた。

敷地内ではなお六、七人の作業員が、深く掘り起こした個所の土壌をショベルカーでかき集めている。東南の方角に目をやると、近くにニューヨーク州の州都アルバニー市の高層ビルがそびえていた。

アルバニーと境界を接するコロニー町の工場跡には、一九八〇年初めまで二十年余り操業を続けたナショナル鉛産業会社（ＮＬＩ）があった。空軍との契約で三〇ミリ砲の劣化ウラン弾の貫通体や、劣化ウランの重い比重を利用した飛行機の平衡錘《すい》が生産された。

放出源すぐに把握

「私たちは七九年に、この工場の十マイル（十六キロ）先のモニター用エアフィルターから、劣化ウラン粒子を発見した」。コロニーから北西へ約二十キロ。シュネクタディ市の自宅に戻ったディーツさんは、自らまとめたリポートを手に説明を続けた。

当時ディーツさんは、ジェネラル・エレクトリック（GE）社の放射線問題専門の上級研究員だった。GEが運営する海軍のノールズ原子力発電研究所（シュネクタディ市）に籍を置き、周辺の海軍施設の放射線レベルを質量分析計で測定していた。ノールズ研究所では劣化ウランを使っておらず、NLIが放出源であることはすぐにつかめたという。

「五カ月間いろんな地点でチェックした。一番遠くは北西二十六マイル（四十一・六キロ）でも粒子が見つかった。円形やそうでない粒子もあ

「米国内には放射能で汚染された核施設がいっぱいある」と語るレナード・ディーツさん（ニューヨーク州コロニー町）

るけど、長さは千分の一ミリの四～六マイクロメートル。呼吸と一緒に体内に入り込む大きさだよ」

海軍に調査書提出

ディーツさんによれば、これ以遠にモニター装置がなかっただけで、風などの条件で粒子はさらに遠方へ飛散するという。彼は調査データをリポートにまとめ、八〇年一月に海軍へ提出した。

そのリポート提出から二週間とたたない二月初旬。ニューヨーク州政府は、ＮＬＩに操業停止を命じた。ディーツさんらとは別に、州環境保全局も独自に工場敷地外の放射能値を測定していた。州の調査では、一月の劣化ウラン放出値が、州基準（一五〇マイクロキュリー）の五倍にも達していた。

「州基準の放射能値を劣化ウラン量に換算すると三百八十七グラム。ＮＬＩは恒常的にもっと多くのウラン微粒子を放出し続けていた」とディーツさんは言い放つ。

一〇〇億円以上費やす

ＮＬＩは最終的に八三年に閉鎖された。翌年、除染費用の肩代わりを目的に、工場や敷地をエネルギー省（ＤＯＥ）へ十ドルで売り渡した。建物の解体など本格的な除染作業が始まったのは九六年である。「これまでに除染費用だけで一億ドル（約百七億円）以上使っている。みんなの税金からね」

八三年に退職するまで、ディーツさんには海軍以外に情報を提供する権限はなかった。彼のリポートが工場閉鎖に関係したとは思わないという。が、その調査がきっかけで、ディーツさんの劣化ウラン弾への関心が高まった。九一年、湾岸戦争で劣化ウラン弾の使用が伝えられると、地上戦開始（二月二十四日）前の二月初め、専門誌でいち早く抗議の意思を表した。

「劣化ウランの量は、三〇ミリ砲で約三百グラム、一番大きい一二〇ミリ砲だと約四・七キロもある。三〇ミリ砲二個分ほどでアメリカ市民の健康を守るために工場を閉鎖したんだよ。どうしてそれがイラクやクウェートだと百万個もの使用が許されるというのかね…」

ディーツさんは人柄そのままの穏やかな口調で言った。数字を挙げての専門家の説明には、限りなく説得力があった。

第3章

汚された大地

――アメリカ――

米国内の軍需工場で生産された劣化ウラン弾は、威力を試したり、質の向上などのために各地の試射場で実射される。古くなった放射能兵器は、他の兵器と同じように廃棄の運命にある。湾岸戦争退役兵、生産現場周辺の取材に併せ、試射場や廃棄場のある現場を訪ねた。どの地域の人々も直面している環境汚染や健康被害…。住民たちは、事実を覆い隠そうとする当局の厚い壁を前に、困難な闘いを続けていた。

一　暴露

「もうここからは立ち入り禁止の所だ。前の山が試射場だよ」。黒い帽子にサングラス姿のダマシオ・ロペスさん（五六）は、慎重にハンドルを切りながら言った。「いつ監視の車がきても不思議じゃない。カメラ撮影は車内からだけだ」

侵入阻む有刺鉄線

ニューメキシコ州立工科大学付属のエネルギー物質研究試験センター（ＥＭＲＴＣ）本部建物前で、車をＵターンさせる。ロペスさんは監視車がいないのを確認すると、灌《かん》木の茂る悪路をしばらく走り、試射場のはずれの木陰に車を止めた。

崩れやすい山の斜面を登ること五、六十メートル。高台から下を見ると、有刺鉄線が張り巡らされ、「立ち入り禁止」の看板が立てられていた。東方に目をやると、三キロほど先に人口八千人のサッコロ市の家々が砂漠地帯の平原に張り付いていていた。

ニューメキシコ州の中心都市アルバカーキ市から南へ百二十五キロ。一九四五年七月十六日の人類初の核実験が実施された「トリニティ・サイト」からは、北西へ五十キロ足らずである。

「私が生まれ育った家は、試射場に一番近い所にある」と、ロペスさんは自宅の方を指さした。

元プロゴルファーで、今は非政府組織の活動を続ける彼は、先住民を先祖に持つスペイン系である。貧しさから逃れるため十七歳で空軍に入隊。除隊後の六五年、二十二歳で大学に入り、ゴルフクラブでプレーをするうちに腕を磨き、六九年にはプロの道へ。八五年までトーナメントなどに参加していたが、交通事故に遭ったその年の暮れに療養のため故郷へ帰った。

強い衝撃で壁に亀裂

「年が明けてしばらくすると、すさまじい爆発音を立てて実験が始まった。衝撃で家の壁に亀裂が入るほどさ」。驚いたロペスさんは、管理責任を負う大学の運営委員会の席で実験の中身を問いただした。「単なる通常兵器の実験にすぎない」。これまでだれも声を上げなかった疑問に大学側は戸惑いながらも、こう質問をかわした。

それから数週間後。ロペスさんの元に、試射場で働く地元の従業員から数個の段ボール箱が届けられた。「実験場使用に当たって、大学と劣化ウラン弾製造企業とが交わした数量や金額に関する契約書などがいっぱい詰まっていたよ」

学長の侮辱で決心

放射能兵器と知ったロペスさんは、証拠を示しながら実験の中止を求め直接当時の学長と掛け合った。すると学長は、色をなして答えた。

「どうしたというのかね、君。depleted uraniumという英語が理解できないんだろう。depletedつまり放射能なんて含まれていないんだ。全くの無害だよ。英語の勉強をし直すんだな」

日本語で「劣化」と訳されている「depleted」という英単語には「消耗した」「中身が空っぽの」という意味が含まれている。多くのアメリカ人は、その言葉を耳にすると、ウランではあっても「人体には無害」と受け止めるようだ。

しかし、ロペスさんにとって学長の言葉は、アメリカ社会の中で常に差別されてきた先住民やスペ

「町の人々が劣化ウラン粒子を体内に取り込んでいても不思議じゃない」と試射場を指さすダマシオ・ロペスさん（ニューメキシコ州サッコロ市）

イン系住民への「侮辱」以外の何ものでもなかった。

「学長の言葉が私の人生を変えたと言っても過言じゃない」。人体への影響など劣化ウラン弾の実態を調べるロペスさんの一歩は、そこから始まった。

二　少数派住民

ニューメキシコ州サッコロ市のメーンストリートに沿って並ぶファミリーレストランの一つ。前日、ニューメキシコ州立大学付属のエネルギー物質研究試験センター（ＥＭＲＴＣ）の試射場現場を案内してもらったダマシオ・ロペスさんと、遅い朝食についた。日曜の朝とあって家族連れらでにぎわっていた。

リークの後で解雇

「センターで働いている知人がいるから紹介しよう」。ロペスさんはそう言って、食事中の三十がらみの男性の席へ向かった。「こちらは広島からきたジャーナリストだ。よかったら食後にでもセンターのことを話してくれないか」。もう一人の従業員と一緒だった彼は、突然おびえたような表情を浮かべ、手を横に振って拒絶の意思を表した。

「彼は大学を卒業して三年目にようやく今の仕事を得た。職を失うかもしれない危険は冒せないんだよ」。席に戻ったロペスさんは、貧しい地域の事情を説明した。人口八千人の過半数は、アメリカ社会では少数派のスペイン系である。一九八六年春、試射場での劣化ウラン弾の使用文書を彼にリークした十数人の従業員の多くは、解雇されていた。

交通事故を契機に故郷に戻り、劣化ウラン弾の実射試験を知った元プロゴルファーのロペスさん。「古里の自然や住民が危険にさらされているのを看過できない」と彼はその後、大気中や試射場の放射能汚染データの開示を州環境保護局に求めるなど、活発な活動を繰り広げた。

帰宅中襲われけが

だが、環境保護局はサッコロ市に設置していた大気モニターを撤収した。のちに出されたデータは「安全基準内で問題なし」だった。事実を隠そうとする当局に対し、ロペスさんは政治を通じて劣化ウラン弾の影響を明らかにし、テストの中止を図ろうと、その年の秋の市長選に向け、七月に出馬を表明した。ところが、八月半ばの夕刻、自転車で帰宅しているところを何者かに襲われる。

「家のすぐ近くでね。茂みから飛び出してきたらしい。五、六時間後に気づいた時は、病院の手術室だった」。右側頭部に深手を負ったうえ、ろっ骨や足の骨がいくつも折れていた。通りがかった看護婦が道路そばの溝に自転車ごと落ちているロペスさんを見つけ、病院へ運んだ。彼の顔や体には、ウイスキーがたっぷりとかけられていた。

がんなど疾病増加

実射試験の中止を求めるロペスさんや一部の住民の取り組みにもかかわらず、テストは続いた。が、湾岸戦争が終わって二年後の九三年、大学側は「試射場での劣化ウラン弾の使用を中止した」と公表した。

「仮にそれが事実だとしても、七二年から続いた実射試験による汚染問題は残ったまま。州政府や大学側は何の問題もないと言い続けているけど、試射場はもちろん、地下水

「79歳の母の健康が心配でね」と、自宅で母親のアデリアさんに寄り添うダマシロ・ロペスさん（ニューメキシコ州サッコロ市）

汚染が進んでいる可能性が高い」と、ロペスさんはみる。

九七年にがんで亡くなった彼の父親をはじめ、白血病などさまざまながんや、先天性障害を抱えた新生児の誕生も増えているという。「多くの住民があちこちで言っていることだよ。しかし、実態を調べようとすると、みんな口をつぐんでしまう」

長年にわたって抑圧され、これまで声を上げることで一度も実利を得たことのない住民たち。彼らは「沈黙」することで、地域での職場の確保など、目前の利益を守っているのだという。

「私にはみんなを責めることはできない。ただ、人々の命を守り、汚された大地から本当の自然を取り戻すために働き続けるだけだよ」

十四年間、劣化ウラン問題を追い続けてきたロペスさん。彼は今、九八年秋に生まれたイラク人らも加わる市民組織「国際劣化ウラン研究チーム」の有力メンバーとしても活動する。

三　オープンエア・テスト

ニューメキシコ州立工科大学は、サッコロ市のほぼ西端にあった。こぢんまりとしたキャンパスの向こうには、大学が運営・管理するエネルギー物質研究試験センター（EMRTC）の試射場の山々が望めた。

軍需企業もテスト

「ようこそ」。副学長のバン・ロメロさん（四四）が、大きな手を差し出した。「ブラウンホール」ビル二階の一室。ジーンズにスニーカーというラフな格好のロメロさんは、オープンな態度を示しながらも、テーブルに置いたカメラを見ると「私の写真は撮らないでほしい」と注文を付けた。

「大学で今一番力を入れている研究はテロ対策。テロリストに顔を宣伝するようなことはできないんだ」

大学の創立は一八九三年である。鉱物資源の発掘などを目的にスタートしたが、第二次世界大戦中から武器開発に関与し、今では百四十人の教授陣のうち百人は、ミサイルの弾頭など武器の研究開発にかかわるEMRTC部門に属する。学生数は院生を含め千五百人。

広さ約八千ヘクタールの試射場は、大学で開発した武器と同時に、国防総省や軍需関連企業のテスト場でもあった。

「劣化ウラン弾は大学でも研究してきた。しかし、研究全体からすると五パーセント以内。ほとんどは、軍やエアロジェット軍需会社など製造企業の持ち込みによるテストだ」

二〇年余で四〇トン使用

一九七二年の開始から九三年までに、四十トンの劣化ウランを使用したという。実射試験では「戦車を標的に、遮へいのない状態（オープンエア）で実施していたのでは？」と尋ねると、ロメロさんは言下に否定した。

「戦車は標的として一度も使っていない。それに劣化ウラン弾のテストでは、最初から常に遮へい用のキャッチボックスを使用していた」

彼の説明では、キャッチボックスは木の箱でできていて、その中に砂を詰めておく。そして鉛、鉄など一枚の金属板を標的としてそこに立てかけ、劣化ウラン弾を発射する。この方法だと、健康障害などに一番影響する劣化ウラン微粒子の大気中への飛散を封印できるというのだ。

実戦でどれだけ威力を発揮できるか。実物を使わなければ、正確なデータは得られないだろう。そう問うと、「科学者は複雑な要素を持つ標的より、特定の物質に対しウラン弾がどれだけの効果があるかを知りたい。これで十分なのだ」。ロメロさんは、白板に図を描きながら自信たっぷりに言った。

「それにみんなが口にし、われわれも使ってきたオープンエア・テストというのは、戦車などから

試射場近くにあるため池。建設現場は見当たらないが、看板には「建設中につき、釣り・ボート・レクリエーション活動は禁止」とある（ニューメキシコ州サッコロ市）。

ウラン弾を発射してキャッチボックスに至るまでの飛行状態を指すのだ。遮へいのない、オープン状態とは違う」

ＥＭＲＴＣでは、この言葉に対してアメリカ国内の類似の施設とは違う解釈を与えていた。

現在の状況答えず

大学側も、「監視役」の州環境保護局も、試射場やサッコロ市内の劣化ウランによる環境汚染を、これまでに何度も調査してきたという。「その結果、試射場でさえ、環境への劣化ウランの放出はない。重金属による汚染も見られないとのデータが得られた」と強調した。

大学では今も、有線誘導による対戦車砲の「トウ・ミサイル」の改良を続ける。弾頭に劣化ウランを使っているとの見方もある。ロメロさんは「他の施設は知らないが、ここでは使っていない。使用物質については明かせない」と、明確な答えを拒んだ。

劣化ウラン弾よりテロ対策について、より時間を割いて説明しようとしたロメロさん。彼の名刺には「新しい千年紀のための思考」と、大学のキャッチフレーズが刷り込まれていた。彼らが思い描く新思考とは一体何なのだろうか…。

四　核依存体質

学内でも情報統制

真っ青な空、乾いた空気、温暖な気候、広大な大地…。こんな自然を求めてニューメキシコ州に移り住む人々も少なくない。

「私たちもここの自然は大好きよ。でも、人口が少なくて土地が広いから、原爆製造のマンハッタン計画以来、いろんな核関連施設ができたでしょう。その分、目に見えない放射線が多いのが気になるわね。サッコロだって安心できないのよ」。弁護士のエレイン・マーさん（六八）はそう言って、大学教授で夫のエリオット・ムーアーさん（六二）を見やった。

サッコロ市内のほぼ中心部に夫妻の自宅はあった。広い中庭、ニューメキシコ独特の赤土でできた大きな家。二人に促され、食堂の席に着いた。

「ここの住民が、身近に放射能汚染の脅威にさらされるようになったのは一九七二年。ニューメキシコ州立工科大学付属の試射場で、劣化ウラン弾の実射試験が始まってからだよ」。宇宙物理学者で、自らも同大で教えるエリオットさん。学内の彼でさえ、八〇年代後半まで劣化ウラン弾の実射試験を知らなかったという。

「エネルギー物質研究試験センター（ＥＭＲＴＣ）のスタッフだけが、武器開発にかかわっている。部署が違うと分からない」と、エリオットさんは学内

前方に広がるニューメキシコ州立工科大学付属のエネルギー物質研究試験センター。劣化ウラン弾の実射試験は、頂上に「Ｍ」の文字が見える山一帯で行われてきた。近くの町までは約３キロしか離れていない（ニューメキシコ州サッコロ市）。

「地球の自然環境をもっと大切にしなければ」と、自宅の中庭で話し合うエレイン・マーさんとエリオット・ムーアー夫妻(ニューメキシコ州サッコロ市)

での秘密性の高さを嘆いた。

実物の戦車も標的

副学長のバン・ロメロさんとのインタビューについて触れると、夫妻は思わず白い歯をのぞかせた。

「劣化ウラン弾のオープンエア・テストの意味を、発射用ガンからキャッチボックスへ至るまでの飛行状態をさすという解釈は何ともユニークね。しかし、最初からキャッチボックスを使っていたという説明と同じように、全く事実と違うわ」とエレインさんは語気を強めた。

地元有志でつくる市民組織「私たちの山を救おう」のメンバーでもある二人は、かつて試射場で働いていた人たちの証言や、情報公開法で得た公文書から多くの事実をつかんでいた。

「少なくとも七〇年代に行われた実射試験では、何の遮へい物もなかった。文字通りのオープンエアよ。実物のM60戦車も標的に使われている。しかも試射場の中でも、町に一番近いテスト場でね」

妻の言葉を引き継ぐように、エリオットさんが続けた。「当初の試験は劣化ウラン弾の弾頭が、弾道スピードの違いで標的にどれだけ衝撃を与えるかを知るのが中心だった。この時に大量の劣化ウラン粒子が発生する。作業員をはじめ、われわれ市民がどれだけその粒子を吸引したかは分からない」

八〇年代に入り、遮へい用にキャッチボックスが使われるようになったかもしれないという。しかし、その時でも煙が上がり、それと一緒に劣化ウラン粒子が大気中にいくらでも飛散したとみる。

財団法人は隠れみの

九一年の湾岸戦争のころには、大学内の財団法人と試射場の使用契約を結んだ劣化ウラン製造企業が盛んに実射試験を繰り返した。

「大学はプライベートである財団法人を利用して企業との契約内容を隠す。企業は大学の自治を隠れみのに劣化ウラン弾実射に伴う環境への影響を一般に公表しないで済ませる。州政府がそれを後押しする。まっとうなチェック機能がどこにも働いていないのよ」

州政府・大学・企業―。エレインさんは、その関係を弁護士らしく理路整然と説いてみせた。州の体質には、ロスアラモス国立研究所をはじめ、長年「核翼賛体制」に依存してきた経済体質があるとも指摘する。

大学側は九三年に劣化ウラン弾の使用を中止したという。「でも、五十八トンの劣化ウランの保有は、今も許可されている。使用してもその分を埋め合わせることができるのよ」

エレインさん夫妻の大学への不信は、物言わぬサッコロ市民の思いを代弁していた。

五　負の遺産

首都ワシントンから北東へ約六十キロ。メリーランド州最大の都市ボルティモアの古い街並みの一角に、印刷業リチャード・オックスさん（六二）が会長を務める市民グループの事務所はあった。

不安暮らせる住民

「会の名前？　長いから一度では覚えられないよ」。オックスさんは、いきなり冗談を飛ばしながら「アバディーン立証グラウンド・スーパーファンド市民連合って言うんだ」と、細身の体を伸ばして棚から資料を取り出した。「ほら、ここが問題の基地だよ」。陸軍基地のアバディーン立証グラウンド（ＡＰＧ）は、ボルティモアからさらに北東へ約三十キロ。チェサペカ湾に面して長さ約四十キロ、最大幅約八キロのほぼ長方形をなして広がっていた。第一次世界大戦中の一九一七年にできた、最も古い米軍施設の一つである。

「ここには陸軍が使うあらゆる兵器の研究開発に当たる、陸軍調査研究所もある。研究、実験、演習、貯蔵…昔からの陸軍の中枢基地だ。劣化ウラン弾の試験だって、五〇年代半ばから続いている」だが、オックスさんがＡＰＧでの劣化ウラン弾の実射試験を知ったのは九四年のことである。九二年に誕生した市民連合も、もっぱら重金属など化学物質による汚染に関心が向いていたという。

「七九年までの二十五年間は、戦車や装甲車用に使う金属などを標的に実射試験を繰り返してきた。むろん、何の遮へいもなしだ」。オックスさんらは、劣化ウラン弾の性質や、湾岸戦争退役兵らの疾病について知るにつれ、一層不安を募らせた。

軍、情報開示せず

これまでにどれだけの劣化ウランを使ったのか。市民連合の要求に対し、軍は答えを拒んだままである。が、軍のリポートなどを基にした彼の推計では、七九年まで毎月、放射能値にして一一六〇〇マイクロキュリー（約三十キログラム）のウラン238を大気に放出。州基準の一五〇マイクロキュリー（三百八十七グラム）の約七十七倍に達すると分析する。

「七九年以後、金属板などを使ったハードターゲット試験は屋内でやるようになった。でも、砂に撃ち込むソフトターゲット試験は屋外のままだ」とオックスさん。実射が続くソフトターゲット場には、既に七十トン以上の劣化ウランが蓄積されているという。

ＡＰＧの周辺には、ボルティモア市を含め約二百万人が住む。メリーランド州のがん罹《り》患率は、全米で毎年上位三～五位にランクされる。特に基地と接するハートフォード郡は、州内で最も高い。さらに基地の東側、風下に当たるデラウェア州のがん罹患率は全米一である。

「魚介類への汚染も心配」と、墓地内の汚染マップを示すリチャード・オックスさん（メリーランド州ボルティモア市）

「補償を恐れている」

「これだけの要素がそろっていても、軍も州政府も基地周辺住民の健康調査や環境調査をやろうとしない」と、オックスさんは憤りを隠さない。「本当のことが見えてきて、住民への補償問題などに発展するのを恐れているのだよ」

基地内の汚染程度は、連邦政府環境保護局が最汚染地域のクリーンアップに適応する「スーパーファンド」資金の認定地であることでも分かる。ラジウムなどの放射性物質を使った計器類の大量投棄、第一次、第二次大戦時に製造された化学、生物兵器の廃棄、五百万個と言われるあらゆる種類の不発弾…。「八十年余り続いた基地活動の負の遺産がここに全部詰まっているよ」。オックスさんは、市民連合が作った基地内の汚染マップを示しながら言った。

「これから先、どれだけの血税をつぎ込んで除染作業をしなければならないか…。なのに劣化ウラン弾の実射試験で環境汚染を重ね、住民の健康を脅かすなんて犯罪行為だよ」

四十年間平和活動にかかわってきたオックスさん。「環境保護も大切な平和活動」という彼の取り組みは、まだまだ続く。

六　武器廃棄所

ネバダ州リノ市から北西へハンドルを切り、カリフォルニア州境を越えて三十分余。ハニー湖に面した小さな町ミルフォードに着くと、あらかじめ連絡していたポール・ビーチさん（五一）とパートナーのキンバリー・ラモスさん（四六）がジープを止め、道路端で待っていてくれた。

「初めてだと、家の入り口が分かりにくいんだ」。長いひげを伸ばしたポールさんが、親しみを込めて言った。人口わずか九十人。一九八一年、投資家の彼は美しい自然と静寂を求め、サンフランシスコから移り住んだ。キンバリーさんとは六年前から暮らす。

「静寂なんてない」

未舗装の坂道を上り始めて約百メートル。車から降りた二人は道端の高台に立ち、遠くを指さした。

「ほら、湖の向こうの、ちょうどこの先がシエラ陸軍武器貯蔵・廃棄所だ。ここの施設のために静寂なんてあったものじゃない。最近になって劣化ウラン弾の廃棄まで分かったんだ」

ポールさんによると、この軍施設では古くなったり、余ったりした兵器など年間三万九千トン以上の武器関連物質が、爆破されたり燃やされたりして処分されるという。既に三十年以上続いており、国内の基地の統廃合が進んだ九五年ころから目立って回数が増え、爆破規模も大きくなった。

「十二マイル（十九・二キロ）も離れているし、黒い煙が上がっているだけのときは、あまり気にとめていなかったの。それが、九五年十月のことよ。猛烈な爆破音がして、地震のときのように家が激しく揺れて…」

家の壁にひび割れ

二人の家は、そこから二キロ近くも山道を走った所にあった。家の壁には、今もあちこちにひび割れ

ハニー湖対岸のシエラ陸軍武器貯蔵・廃棄所の方角を指さすポール・ビーチさん（左）とキンバリー・ラモスさん（カリフォルニア州ミルフォード町）

が残る。「修理に一万ドル（約百七万円）以上かかったわ。それでも三年越しの裁判では、軍の非が認められなかったのよ」。悔しそうに彼女は言った。

多いときは一日で二十八回も爆破が続いた。九六年から上空へ舞い上がる煙をビデオに収め始めた二人は、その煙がきのこ雲状をなして四方に広がっていることに気づいた。

「きっと汚染物質も拡散しているに違いない」。軍の説明が信じられず、判決後にリノに住む環境活動家と連絡を取るようになった二人は九九年十月、その活動家から何枚ものファクスを受け取った。米原子力規制委員会（ＮＲＣ）が同施設に出した劣化ウランの廃棄を認める許可証のコピーである。

それによると、八一年九月三十日までを有効期限とした最も古いものでは最大二千二百五十七トン。その後五千トンに増え、九七年三月三十一日までの有効期限のものには二五二〇キュリー（約六千五百一トン）と放射能の強さで記されていた。湾岸戦争中に米英両軍が使用したとされる三百二十トンと比較すると、最近の量は二十倍にも達する。

ポールさんは、すぐにラースン郡の中心地スーザンビル町で開かれた郡行政委員会の席上でその文書を紹介した。五人の委員をはじめ、同委員会に出席した州や郡の環境保護局のスタッフ、約五十人の住民も、その事実を知らなかった。

がんなど疾病多発

「みんな本当に驚いたよ。劣化ウランの性質について、まだ知らない者もいたけどね」。人口二万五千人のラースン郡では、がんなどの疾病が異常に多いため、既に住民の間で武器貯蔵・廃棄所の存在が大きな問題になっていた。

後日、ポールさんらが契約の内容について軍にただすと「廃棄はしていない。他の施設へ移した」との回答だけが返ってきた。

「施設の性格を考えれば、そんなことを信じる者はだれもいない」「そうよ。化学物質や放射性物質を、湖や周辺にまきちらしているに違いないわ」。軍への不信をこもごもに口にする二人の視線は、松林の間からはるか下方に見える美しい湖に注がれていた。

七　闘病家族

カリフォルニア州スーザンビル町中心部の商業ビルの一室。美容院を営む姉のテミィー・パスターさん（三四）と妹のマーリン・ノーベルさん（三〇）は、客と話しながら手際よく髪を整えていた。

つえなしで歩けず

マーリンさんは一九九八年二月、ネバダ州リノ市の病院で脳腫瘍《しゅよう》の手術を受けたばかりである。手術に伴う脳障害のため、臓器を正常に働かせるための薬が生涯手放せない。

二人が仕事中、奥の部屋で両親のジャック・パスターさん（五九）と妻のサリーさん（五七）から話を聞いた。サリーさんも九五年から手の指が内側に曲がり始め、関節痛のため今ではつえなしでは歩けない。

「病気になる前は、ローラースケートやゴルフをして、人がうらやむほど元気だったのよ」。いすに掛けた彼女は、ひざの上の硬直した手を見つめた。「いろいろと体の検査をしてもらったら、血液から重金属物質が見つかって…」

パスター夫妻が、子ども四人とともに州都のサクラメント郊外からこの地に移ったのは八一年。ジャックさんが勤めていた電話会社の転勤によるものだった。「子どもたちは豊かな自然に囲まれ、『神の国へ来たみたいだ』って大喜びだった」

ジャックさんは九一年に退職した。その後、宅地開発業に乗り出し、町内のあちこちにビルや住宅を建てビジネスマンとして成功した。九三年には地元商工会議所を代表して、閉鎖のうわさが立ったラースン郡にあるシエラ陸軍武器貯蔵・廃棄所へ出かけ、存続を強く訴えた。

「当時、千人以上が地元から働きに出ていた。経済発展と雇用確保のためとはいえ、家族や住民の健康を犠牲にして何をしていたのかと恥ずかしくなるよ」

実態聞き疑問抱く

ジャックさんが軍施設に疑問を抱き始めたのは九五年のこと。湾岸戦争退役軍人の疾病に関する議会公聴会のテレビ中継で、軍関係者が「爆発物の有害物質は煙とともに四十マイル（六十四キロ）以上飛ぶ」と証言しているのを聞いてからである。

武器・貯蔵廃棄所からスーザンビルまでは五十キロ足らず。しかも周りは高い山に囲まれ、すり鉢の底のようになっていた。煙はよくたなびいてきた。

爆破処理が明白な通常兵器について自ら調べると、鉛や水銀、ベリリウムなど八種類の発がん物質を含んでいるのが分かった。その上、同じように毒性の強い重金属物質で、放射能も併せ持つ劣化ウラン弾の廃棄…。

ラースン郡のがん発症率は、州内平均のほぼ二倍。白血病、脳腫瘍、リンパ腺がん、乳がん…。サリーさんと同じような症状の自己免疫疾患も目立った。

医師「居住は危険」

「スーザンビルの人口はわずか一万五千人だけど、私の担当医はこの町のがん患者をたくさん手術

お客さんの髪をカットするテミィーさん（左）とマーリンさん。脳腫瘍手術後のマーリンさんは、長時間働けない（カリフォルニア州スーザンビル町）。

しているの。だから『そこに住むのは危険すぎる。早く町を出なさい』って言っていたわ」。仕事を終え、話に加わったマーリンさんが、そばから言った。

体内から微量の金属物質が検出された独身のテミィーさんは近い将来、より安全な地に引っ越す予定だ。

二〇〇〇年の四月半ば、パスター一家から電子メールが届いた。ジャックさんを代表とする約八百人からなる「武器に反対する住民」、軍施設の風下に当たるネバダ州の「ピラミッド湖パイユート先住民」らが、四月十三日、陸軍を相手に戸外での武器破壊の中止を求める訴訟を起こしたのだ。

「劣化ウランの影響についても、専門家の協力を得てより詳しく調べたい」とある。汚されたシエラネバダ山脈ふもとの大自然。安全で美しい自然を取り戻すラースン郡住民の闘いは、始まったばかりである。

［関連リポート①］米国の劣化ウラン弾施設

劣化ウラン弾の関連施設は、米国のほぼ全土に散らばっている。研究開発から製造、試射、貯蔵、廃棄に至る施設は、放射能汚染などで既に閉鎖されたものを含めると五十以上に上る。同じように全米に広がる核兵器関連施設に比べ規模、数では遠く及ばない。しかし、試射場や廃棄場には過疎地が選ばれ、環境汚染や周辺住民の健康が脅かされるなどの共通点も多い。米陸軍環境政策研究所（ＡＥＰＩ）が一九九五年にまとめた劣化ウラン弾の関連施設を地図で示しながら、第3章で取り挙げなかった試射場を中心に現状を紹介する。

劣化ウラン弾は、頑丈な金属でできた戦車の破壊が主な目的である。戦車から発射する場合も、比較的広い試射場を必要とする。特にスピードを伴う飛行機からの空爆演習には、砂漠地帯などに設けた広大な基地が使われる。

変わる行政意識

ネバダ州のネバダ核実験場を取り巻くようにあるネリス空軍基地。この基地は、空軍が現在も使用している唯一の劣化ウラン弾の試射場である。広さは広島県の約一・五倍に当たる百二十五万ヘクタール。このうち原子力規制委員会（NRC）から許可を得ている劣化ウラン弾使用区域は、ラスベガス寄りに当たる基地東南端の一部である。ここで年間七千九百個の三〇ミリ砲弾が、さまざまな目的でテストされる。

ところが、許可地域はそのまますっぽりと国指定の砂漠野生動物保護区に入っている。一九七〇年代初期から劣化ウラン弾の試射を始め、八〇年代半ばまでは放射能汚染や重金属汚染について、それほど問題にならなかった。

しかし、米議会の決定で、空軍は今では汚染地の見返りとして約四万四千五百

グレイス・ポトーティさん

古くなった大量の兵器を破壊しているシエラ陸軍武器貯蔵・廃棄所の風下にあるピラミッド湖。パイユート先住民らの大切な漁場だが、劣化ウランや化学物質による汚染が懸念されている（ネバダ州ピラミッド湖パイユート先住民居留地）。

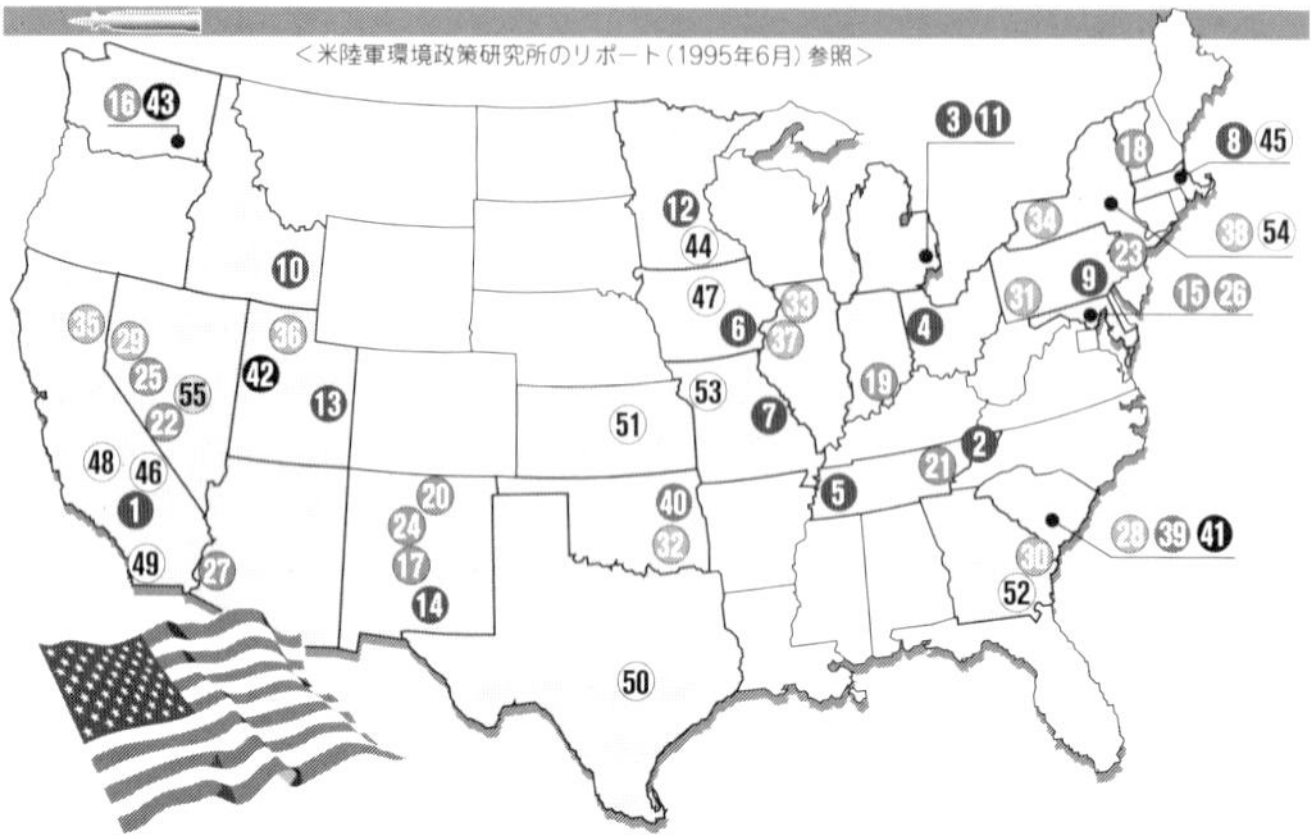
<米陸軍環境政策研究所のリポート（1995年6月）参照>

次ページ劣化ウラン弾関連施設一覧の位置図

ヘクタール分の野生動物保護区の土地を、同州内の他の場所に見つけなければならなくなった。

　ネバダ州リノ市に拠点を置く非政府組織「軍の説明責任を求める田舎同盟」事務局長のグレイス・ポトーティさん（四五）＝前ページ写真＝は、州住民や行政の意識の変化を次のように説明する。

「ネバダ州は五〇年代初めから、ネバダ核実験場での大気圏核実験に協力するなど、八〇年代半ばまでは常に軍の拡大を歓迎してきた。でも、それ以後は違ってきた。確かに軍の存在による経済的メリットは少なくない。が、それ以上に劣化ウラン弾などさまざまな砲弾使用による生態系や住民の健康へのデメリットの方が大きいことに、住民も州政府も気づき始めたからだ」

米国内の劣化ウラン弾の製造・研究・試射・貯蔵・廃棄関連施設

	製造・組立施設	
1	エアロジェット軍需会社	カリフォルニア州
2	エアロジェット軍需テネシー社	テネシー州
3	デトロイト陸軍戦車工場	ミシガン州
4	リマ陸軍戦車工場	オハイオ州
5	ミラン陸軍軍需工場	テネシー州
6	アイオワ陸軍軍需工場	アイオワ州
7	ナショナル製造会社	ミズーリ州
8	スターメッツ社	マサチューセッツ州
9	オリン軍需会社	ペンシルベニア州
10	アイダホ国立エンジニアリング研究所	アイダホ州
11	戦車オートモーティブ・コマンド	ミシガン州
12	ツイン都市陸軍軍需工場	ミネソタ州
13	ホワイトサンズ・ミサイル射撃場	ユタ州
14	ホワイトサンズ・ミサイル射撃場	ニューメキシコ州
	研究・開発・試射場施設	
15	陸軍調査研究所	メリーランド州
16	バテール太平洋北西研究所	ワシントン州
17	エネルギー物質研究技術センター	ニューメキシコ州
18	エーソン・アレン試射場	バーモント州
19	ジェファーソン立証グラウンド	インディアナ州
20	ロスアラモス国立研究所	ニューメキシコ州
21	製造科学会社	テネシー州
22	ネバダ実験場	ネバダ州
23	ピカティニー軍需研究所	ニュージャージー州
24	サンディア国立研究所	ニューメキシコ州
25	トノパ試射場	ネバダ州
26	アバディーン立証グラウンド	メリーランド州
27	ユマ立証グラウンド	アリゾナ州
	貯蔵・廃棄施設	
28	防衛統合施設	サウスカロライナ州
29	ホーソーン陸軍軍需工場	ネバダ州
30	ハンター陸軍エアフィールド	ジョージア州
31	レターケニー陸軍武器貯蔵所	ペンシルベニア州
32	マカレスター陸軍軍需工場	オクラホマ州
33	サバンナ陸軍武器貯蔵・廃棄所	イリノイ州
34	セネカ陸軍武器貯蔵所アクティビティ	ニューヨーク州
35	シエラ陸軍武器貯蔵・廃棄所	カリフォルニア州
36	ツーレー陸軍武器貯蔵・廃棄所	ユタ州
37	陸軍武器弾薬・化学コマンド	イリノイ州
38	ウオーターピレット武器庫	ニューヨーク州
	加工施設	
39	カロライナ金属社	サウスカロライナ州
40	セクォーヤ燃料会社	オクラホマ州
	廃棄物施設	
41	化学・核システム廃棄物管理施設	サウスカロライナ州
42	ユタ・エンピロケア社	ユタ州
43	米国エコロジー	ワシントン州
	閉鎖された製造・組立・貯蔵・開発・研究・試射場施設	
44	エリアント技術システム社	ミネソタ州
45	陸軍調査研究所	マサチューセッツ州
46	ロバート軍事保留基地	カリフォルニア州
47	チャンバーレーン製造会社	アイオワ州
48	チャイナ湖海軍武器センターエリアント技術システム	カリフォルニア州
49	フォード大気圏・通信社	カリフォルニア州
50	フォートフッド貯蔵所	テキサス州
51	リレイ基地	カンザス州
52	スチュワート基地	ジョージア州
53	レークシティー陸軍軍需工場	ミズーリ州
54	ナショナル鉛産業会社	ニューヨーク州
55	ネリス空軍基地試射場 ※陸軍環境政策研究所のリポートにはないが、現在も使用中	ネバダ州

＜米陸軍環境政策研究所のリポート（1995年6月）参照＞

一五〇万個の不発弾

田舎同盟は、インターネットを通じて軍事基地などを抱える全米各地の市民グループと情報を交換している。ポトーティさんによれば、劣化ウラン弾の試射場は一、二カ所を除きいずれも人口密度の低い過疎地にあり、放射能汚染問題を抱えているという。

例えば、インディアナ州南東部にある陸軍のジェファーソン立証グラウンド（ＪＰＧ）。約二万二千三百ヘクタールの基地の一部を使って、八〇年代半ばから九四年まで劣化ウラン弾の威力や正確性を「立証」するための試射が繰り返された。その結果、約七十トンの劣化ウランをはじめ、砲弾の破片、貯蔵用ビルなどが残された。

このほか四一年から各種砲弾の試射場として使われたことで、基地内には約百五十万個の不発弾が残っているとされる。

除染費用は膨大

国防総省は、既にＪＰＧの閉鎖を決めている。しかし閉鎖を完了し、州に土地を返還するには、基地内の除染をしなければならない。九六年にロスアラモス国立研究所（ニューメキシコ州）の研究者がまとめたＪＰＧに関する環境リポートによると、劣化ウランのクリーンアップ費用だけで、最終的には七十八億ドル（約八千三百四十六億円）かかると推計する。

膨大な費用を前に、まだ除染作業が進んでいないのが現実である。だが、その間にも野生のシカなどが基地内の放射能汚染地帯にすみ、大気やエサを通じて体内に劣化ウランを取り込む可能性が高い。近くの住民にとってシカの狩猟は、食用目的やレジャーとして昔から定着している。捕獲したシカの肉を食べれば、食物連鎖によって人々の体内汚染につながる。別の地域から取水している飲料水は安全とされているが、汚染水による牛などの家畜、灌漑《かんがい》による作物への影響も危惧《ぐ》されている。

国防総省は「人々の健康に影響するような危険はない」と説明しているが、「付近住民の懸念は強い」とポトーティさんは反論する。

このほか、前述のカリフォルニア州ハーロング町のシエラ陸軍武器貯蔵・廃棄所のように、かつての先住民の土地や、現在も先住民が居住する土地が汚染されたり、健康被害が出たりしているケースもある。

第4章

同盟国の重荷

――イギリス――

一九九一年の湾岸戦争でイギリスは、アメリカに次ぐ五万三千人の兵力を中東へ派遣した。うち約三万人が前線や周辺の砂漠地帯に駐留し、同盟国のアメリカ軍とともに、イラク軍に劣化ウラン弾を使った。交戦に伴うイギリス軍の戦死者は四十九人。多国籍軍は圧倒的勝利を収めた。だが湾岸戦争から十年近くが過ぎた現在、退役兵の死者は交戦時の十倍に達し、病状を訴える者は六千人に上る。退役兵らは劣化ウラン被曝などに伴う病気の認知を国から得られぬまま、苦難の日々を送る。

一　国防義勇隊員

ロンドンから北へ約三百キロ。かつて漁港として栄えたイングランド中東部のハル市は、北海にほど近いハンバー川河口にあった。人口二十五万人の市北部住宅地にレイ・ブリストウさん（四二）を訪ねた。

二カ月の湾岸体験

「足がすっかり弱くなってね。随分前から支えがないと歩けないんだ」。出迎えてくれたブリストウさんは、つえを支えに居間に向かい、ソファに腰を下ろした。「わずか二カ月余りの湾岸体験で、自分の体じゃなくなってしまった」。ゆっくりとした口調に、悔しさがにじむ。

高校卒業後、社交ダンスのインストラクターの資格を取って夜間に教える傍ら、昼間は医療技術者として地元の病院の救急室で働いた。「国にも奉仕したい」と、十七歳で国防義勇隊に登録。週末などに訓練を受けた。

イラクがクウェートに侵攻して三カ月後の一九九〇年十一月、「医療班スタッフとして中東へ出向い

家族とだんらんの時を過ごすレイ・ブリストウさん。「体調が悪いと当たり散らすことがあるんだ…」(イングランド・ハル市)。

てほしい」と要請があった。

「救急医療現場での経験と軍事訓練の積み重ねを生かし、今こそ国に奉仕する時」。そう思ったブリストウさんは、妻で看護婦のデボラさん(三五)に相談することもなく参戦を決意。幼かったレイチェルさん(一四)とクレアさん(一二)の二人の娘を残し、九一年一月初旬、サウジアラビアへ飛んだ。

彼の部隊はイラク国境近くに二百床の野戦病院を設営し、負傷兵の治療に当たった。「運ばれて来るのはほとんどがイラク兵だった。特に地上戦(二月二十四日~二十八日)の間は、足が切断されたり、内臓が飛び出した兵士などひどいものだった」とブリストウさん。脱がせた服からは、ほこりが舞い上がった。

むごい光景は救急医療室で見慣れており、ショックを受けるというほどではなかった。「ただ戦争前までは健康だった若者が負傷を負い、死んでいくのが悲しかった。目前の現実が、戦争の代償の大きさを突きつけてきた」。その時の様子を思い出し、目を潤ませるブリストウさんには当時なお、自身の健康喪失までが代償に含まれているとは思いも及ばなかった。

帰国と同時に発病

体調の悪化は、三月十五日の帰国とほぼ同時に始まった。頭痛、全身疲労、胃腸障害…。湾岸戦争に伴う疾病について何の情報もなかった。九三年になり、病院でたまたま手にした女性雑誌の記事が目に留まった。「一人の湾岸戦争退役兵の病状について触れていた。まるで自分のことが書かれているようで…」

妻にもその記事を見せ、病気の原因と治療法を探る夫妻の努力が始まった。体調悪化で病院勤務を断念した九六年、カナダの専門家に尿検査を頼んだ。高レベルの劣化ウランが検出された。

「前線から離れていたので驚いたよ。きっと負傷したイラク兵の服などに付着した劣化ウラン粒子を、体内に大量に取り込んだに違いない。服を脱がせるたびにほこりが立ち込めた」。ブリストウさんは劣化ウラン弾の影響について国防省に問い合わせた。しかし、「心配はいらない」との答えが返ってくるばかりで、何の解決にもならなかった。

先は「スローな死」

食事療法とさまざまな薬の摂取。それでも年々体力は衰え、関節痛も増すばかりである。記憶力の喪失も激しくなってきた。「今では死の順番を待っているようなもの。広島、長崎の被爆者のスローな死と同じだよ…」

希望の見えない闘病生活が続く。「妻と成長した娘が自分の状態を理解してくれるようになったのが唯一の救い」とブリストウさんは、学校から帰宅したばかりの二人に笑みを送った。

二　夫の死

「犬を連れて夫とよくこの道を散歩したわ」。長身のジュリー・ミーンズさん（三九）は、緑の小麦畑が広がる田舎道を足早に歩きながら懐かしそうに言った。二頭の愛犬が尾を振って寒風の中を走り回る。「彼がどれほど苦しんで亡くなったかを思うと、今でも悔しくて…」

最激戦地での従軍

ロンドンのキングスクロス駅から列車で北へ三十分。ヒッチン市の駅で降り、タクシーで十分足らずの田園地帯に、ジュリーさんと夫のスティーブンさんが暮らした家はあった。

「これが夫よ」。二十分ほどで家に戻った彼女は、居間でアルバムを広げた。戦車の前で銃を構え、四人の仲間とイラク領内で記念写真に収まるスティーブンさん。厚い胸板、屈強な体格。陸軍戦車隊員として一九九一年の湾岸戦争に参加するまでは、問題一つない健康体だった。

「湾岸戦争ではいつも最前線にいたの。劣化ウラン弾で破壊されたイラク軍戦車内に兵士が残っていないかをチェックするのも任務だった。クウェートからイラク領内に進攻する時は、一番ひどい戦闘のあった『死のハイウエー』を通ったって言ってたわ」

九〇年十月、駐留中のドイツのイギリス軍基地からサウジアラビアへ派遣され、帰還したのは地上戦の終了（二月二十八日）から二週間後の九一年三月半ばだった。ジュリーさんと知り合って日の浅いスティーブンさんは四月初旬、休暇を利用してヒッチンの彼女の元を訪ねて求婚。その年の八月に結婚した。

軍医「喫煙が原因」

「結婚後は、四歳だった私の子どものマックを連れてドイツ北部の基地内に住んでいたの。自分の子どものようにかわいがってくれたわ」。幸せな日々の中で、中東から続く夫の下痢だけが気にかかった。

その年の十月に三十歳の誕生日を迎えたスティーブンさんは、定期検診の際に軍医に症状を訴えた。軍医は原因を調べようともせず「喫煙のせいだ。禁煙すれば治る」とだけ答えた。喫煙で下痢などしたことのない彼は、いいかげんな診断に憤りをあらわにした。

「夫は戦車部隊で劣化ウラン弾を扱っていたから名前だけは知っていた。でも、何の害もないと教えられていたし、化学戦に備えて取った予防薬がどんな作用を及ぼすのか、何も知らなかった」とジュリーさん。

九二年二月にヒッチンに戻り、スティーブ

「夫と一緒にもう一度散歩できれば…」と、愛犬を連れ家の近所を散策するジュリー・ミーンズさん（イングランド・ヒッチン市）

死亡したスティーブンさん

ンさんは近くの陸軍基地で、国防義勇隊の教官を務めた。一年後に長女のロクサンちゃん（六）が生まれたものの、喜びとは裏腹に夫の下痢は一層ひどくなり、慢性的な倦怠《けんたい》感や指の硬直も目立ち始めた。

九六年に入ると、体調が一気に悪化した。精神的にも不安定になり、仕事がほとんどできなくなった。「軍医が信じられず、民間の熱帯病専門医や精神科医にも診てもらったけど、薬が増えるばかりで一向によくならなかったわ」

やがて一人でトイレに行くのも困難になり、体中の関節が痛んだ。そして九九年四月、心臓発作で三十七歳の若い命を落とした。除隊から三カ月後だった。

二人の子どもと夫の世話に明け暮れた日々。ジュリーさんは夫の死後まで、多くの湾岸戦争退役兵が病気で苦しんでいるのを知らなかった。「昔の夫の戦友らと連絡を取っているうちに、同じ退役軍人でつくる協会があることも知った。夫の死後、九九年末までに心臓発作で死亡した退役兵が十二人もいたのよ」

国の対応に不信感

現在は政府から支給される夫の軍人恩給千ポンド（約十六万五千円）で切り詰めた生活をするジュリーさん。「こんなお金より健康な体の夫を戻してほしい。国防省は、病気と劣化ウランなどは無関係ということに研究費や人件費を使うだけ。湾岸戦争で病気になった退役軍人らを助けようともしない」

ジュリーさんは国防省に、これ以上犠牲者を出さないよう病気の湾岸退役兵と正面から向き合い、治療法を確立すべきだと訴える。

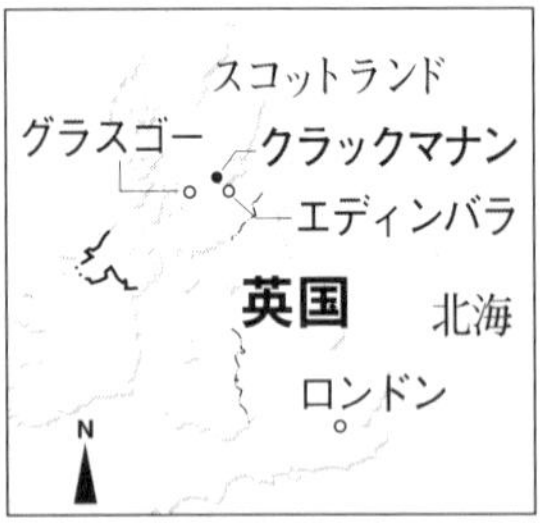

三　先天性障害

スコットランドの首都エディンバラ市を抜け、西北へさらに五十キロ。人口二千人のクラックマナン市に住むケネス・ダンカンさん（三二）の市営住宅に着くと、日はとっぷりと暮れていた。

自分で服着られぬ

「到着が遅いので心配したけど、私たちなら時間は大丈夫。あすは日曜だから」。地元の小さな運送会社でトラックの運転士を務めるダンカンさんは、強いスコットランド訛《なま》りでこちらを安心させるように言った。

妻のマンディーさん（三二）、父と同じ名前をもらった長男のケネスちゃん（五）、二男のアンドリューちゃん（四）、長女のヘザーちゃん（二）も居間で迎えてくれた。

「ケネスは統合運動障害という脳の病気のために、自分で食事をしたり、服を着たりできないの」。ほかにも、両足の指が折り重なって痛みを伴うため、一九九八年に手術を受けた。

ベッドに行こうとせず、飛行機の模型や戦車、トラックなどのおもちゃで無心に遊ぶ子どもたち。ケネスちゃんの足は、術後もなお指の重なりが残っていた。

「一年七カ月後に生まれたアンドリューも、腸やぼうこうが正常に機能していないんだ。ぜんそくもあるし…」。ダンカンさんはそう言って二男を見やった。トイレ訓練を始めて分かった。腸の働きが弱いうえ、ぼうこうのコントロールが利かず、おむつがはずせない。

ヘザーちゃんは左耳がやや難聴で、尿に血液が混じるという。

夫妻が、子どもの先天性異常とダンカンさんの湾岸戦争体験を結びつけて考えるようになったのは、

おもちゃで遊ぶ長男のケネスちゃん（左）、二男のアンドリューちゃん（中央）、長女のヘザーちゃんを見つめるダンカンさん夫妻（スコットランド・クラックマナン市）

二男の異常に気づいた九七年前後のことだ。

尿の検査でも検出

十六歳で陸軍に入隊したダンカンさんは、九一年の湾岸戦争ではトレーラーで戦車などの武器を前線近くまで運んだ。戦時や戦後は、劣化ウラン弾で破壊されたイラクの戦車から自軍の兵器、機材までをサウジアラビアの港まで運搬。六月まで駐留して後始末をした。

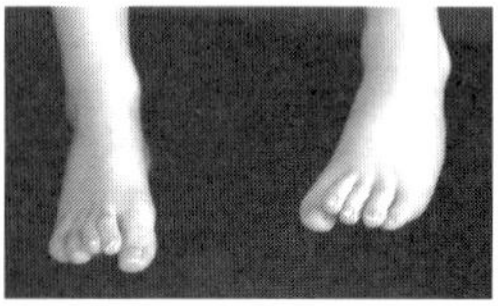

ケネスちゃんの手術後の足

ダンカンさんは中東から帰還した直後から、気管支の異常や関節の痛みを覚えるようになった。やがて体力を要する軍隊生活が続かなくなり、九三年二月に除隊。三カ月後に同じ基地に勤務していたマンディーさんと結婚し、彼の故郷のクラックマナンへ。慢性疲労に悩まされながら運送会社に勤めた。

「自分の体調異変は湾岸戦争が原因だと思っていたよ。カナダの核化学者に調べてもらった尿検査でも劣化ウランが検出された。でも、まさかそれが子どもにまで影響するなんて考えてもいなかった」

将来へ高まる不安

夫の言葉にうなずきながらマンディーさんが言葉を継いだ。「でもね、今から思うと結婚当初からおかしかったのよ。セックスのたびに私は下腹部に燃えるような痛みを覚えて…」。最近になり、同じような体験者をインターネットで知ったというマンディーさん。アメリカでの湾岸戦争退役兵の取材で、何組ものカップルから聞いた話である。

九五年、ダンカンさんの勤務先の会社が倒産して家のローンが払えなくなり、市営住宅に移った。現在の運送会社では以前のように全国は走らず、近郊回りだけをしている。

「給与と戦争年金を合わせても月額千五百ポンド（約二十四万七千五百円）程度。今はぎりぎりの生活ができているけど、自分の健康や子どものことを考えると、将来が不安でね」

ダンカンさんもマンディーさんも、兵士として「国に奉仕」することに誇りと生きがいを感じてきた。しかし、障害を持つわが子の原因を知るにつけ、「国への失望と怒りがこみ上げてくる」と口をそろえる。

「結局、われわれは消耗品でしかなかったのだ」。ダンカンさんの言葉が、アメリカの湾岸退役兵の言葉と重なり合った。

四　民間契約

「このひもを引っ張ると看護婦に連絡できるんだ」。一九九一年の湾岸戦争に民間人として加わったポール・コナリーさん（三七）は、生活保護世帯のお年寄りや病人らが住む集合住宅の一室で、天井から下りたひもに手をかけ、弱々しい笑いを浮かべた。

通信業務で湾岸へ

「九九年の九月から週三回、近くの病院で腎臓透析を受けている。でなければ、とっくに死んでいただろう」。二の腕の浮き出た静脈の注射痕が、痛々しい。

ロンドンの中心部から南西へ車で約一時間。市営の集合住宅があるセント・ジョーンズ市は、彼の故郷である。中学を卒業し、十六歳で通信関連会社に入社。軍事関連の通信システム技術者として腕を磨いた。

戦場で通信システムが機能するかどうかは、軍の作戦にかかわる生命線である。高温の砂漠地帯での実戦使用は初めての経験だった。陸軍との契約下にある会社を通じて、コナリーさんに白羽の矢が立った。「命への不安がなかったと言えばうそになるけど、ＯＫしたよ」

戦場で使う通信システムについては、八〇年代後半からドイツ各地にあるイギリス軍基地で扱っており、精通していた。だが中東の自然条件は、戸外にある通信機器にとって、予想をはるかに超えて過酷だった。「コンデンサーを冷却するのに常にファンが回っているんだ。かぶった砂ぼこりを圧縮空気で吹き飛ばさないとすぐ故障につながってしまう」

体力続かず職失う

一日の仕事を終えると顔も体もほこりだらけ。ストームに襲われることもあった。戦線が拡大するにつれサウジアラビア、クウェート、イラクを何度も通った。「イラク兵のむごい死体もたくさん見てしまったよ」

戦闘終結から約三カ月後の九一年五月に帰国した。そのころから体調を崩し、七月には元の会社を辞めた。「とにかく体が疲れてエネルギーが出ないんだ」。その後、別会社に就職したが、頭痛が激しくなるなど体調は悪化するばかりだった。

九三年、腎臓の生体検査を受け、腎炎と診断された。コナリーさんが、劣化ウランという言葉に初めて接し、湾岸戦争退役兵の間に腎臓障害が多いと知ったのは九四年のことである。「新聞記事でね。劣化ウラン粒子を体内に取り込むと、放射線の影響だけでなく、毒性の強い重金属汚染が腎臓などの機能を侵してしまう恐れがある。そんなことが書いてあった」

戦場にいる間、彼は大気中に放出された汚染物質はすべて吸入してしまったと思った。民間人ではあったが、国防省と掛け合い血液検査やレントゲン検査を受けた。「医師は病気は認めたよ。でも『湾岸戦争には一切関係ない』のひと言。冷たいものさ」

「どの部屋にもこれがついている」と、天井から下がる緊急連絡用のひもを手にするポール・コナリーさん（イングランド・セント・ジョーンズ市）

体力が続かず、九六年に仕事をやめた。ローンが払えずに家を失い、五年間一緒に暮らした彼女も去った。ホームレス生活を救ってくれたのは、家庭を持つ姉だった。担当医が書いてくれた市への手紙で、三カ月後に現在の住居があてがわれた。

同じ年に、退役軍人との交流で知ったカナダやアメリカの専門家に尿の分析をしてもらった。「劣化ウランが含まれている兆候はあるけど、尿にタンパクが出過ぎてきれいに分離できない。どちらからも同じような結果が届いてね…」

「絶望」抱えて生活

軍隊勤務での傷害や疾病により、退役軍人に支給される戦争年金を軍に請求したが「資格がない」と却下された。今は週七十ポンド（約一万一千五百円）の生活保護費が唯一の収入である。

「できれば腎臓移植を受けたいし、真実を明かすために法廷でも争いたい。でも、もう希望は抱かないことにしている」とコナリーさんは、寂しい笑い声を上げた。「ぼくは笑うほかないんだよ。でなければ泣くしかないものね…」

心の奥深くに「絶望」を包み込んで一日一日を生きるコナリーさんに、慰めの言葉もなかった。

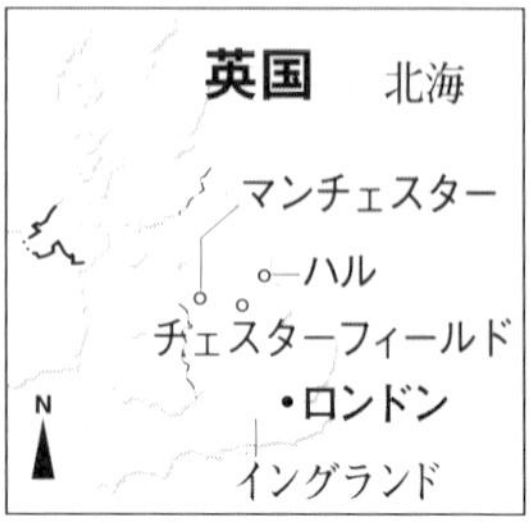

五　議員日記

ロンドン市街をミズスマシのように駆けるブラック・キャブで約二十分。労働党議員のトニー・ベンさん（七五）は、妻をイングランド中部チェスターフィールドの実家に残し、市西部のアパートで一人暮らしをしていた。

「広島には一九八三年の夏に行ったよ。原爆資料館の見学や被爆体験を聞くこともできて、いい勉強になった」。ベンさんは、あいさつ代わりに広島訪問の話を持ち出しながら地下の書斎へ案内してくれた。

今秋で議員歴五〇年

ジャーナリストから転身して、五〇年に二十五歳で初当選。二〇〇〇年十一月で議員歴も半世紀を迎える。英国議会の中で、湾岸戦争に反対した数少ない一人である。英米両国による劣化ウラン弾の使用問題や、さまざまな疾病に苦しむ自国の退役軍人救済のため議会で積極的に発言してきた。

「劣化ウラン弾については二十年も前からかかわりがあるんだ。実はね…」。彼はいすから立ち上がると、部屋の隅の書棚に向かった。そこには十五歳からつけ始めたという四千万語にのぼる日記が、年ごとにまとめられ、黒い背表紙で装丁されていた。

「これからはインターネットも活用して自分の考えを伝えたい」と話すトニー・ベンさん（ロンドン市）

二一年前　無念の決定

「アメリカ政府が劣化ウラン弾の持ち込み許可を求め、わが国も独自で開発、実射試験をすべきだと提案してきた時、私はエネルギー・産業大臣だった。ほら、その時のことがここに書いてあるだろ」と、ベンさんは取り出した七九年の日記から「月曜日・一月二十二日」のページを指さした。そこには当時閣僚だった七人の議論のもようが記されていた。要約するとこうだ。

新しい兵器は戦車を貫通するだけでなく、火だるまにして完全に破壊できる。ドイツ（西ドイツ）はすでに所有しているが、国民に知らせていないだけ。ソ連も米国も所有しているのだからイギリスも開発すべきだ。劣化ウランの危険は腕時計の針に塗った蛍光物質程度に過ぎない…。持ち込みも、独自の開発を容認する声も強いなか、ベンさんだけは頑固に反対した。「劣化ウラン弾を持つようなことがあれば、国民はわれわれが通常兵器の敷居を越えて核戦争に向かおうとしていると考えるだろう。…私は絶対に反対だ」。が、決定はなされ「私は敗北した」と無念をつづる。

「劣化ウラン弾による破壊は、そのとき限りで終わらない。原爆や水爆のように爆発はしないが、長い間にわたって敵も味方も苦しめ、命まで奪ってしまう無差別兵器である。使用は人類に対する犯罪だ」

彼はその思いを、一部の他の労働党議員らとともに何度も政府にぶつけた。しかし、かつての保守党政権も、与党である現在の労働党政権も「通常兵器で、後遺症はない」と同じ答弁を繰り返すばかりである。

核政策「米が主導」

「なぜ政府は真実を語れないのかって？　それはね、武器使用の影響を認めれば退役軍人らに補償せねばならない、というだけではないんだ。ブレア首相も国防省も、アメリカ政府の許可なしに認めるようなことがあれば、アメリカがこの国からすべての核兵器を引き揚げるのを恐れているのだよ」

イギリスは独自の核政策を堅持しているように見えて、実態はアメリカのコントロール下にあるという。「核のコロニーだね。だから劣化ウラン弾についても、ペンタゴン（米国防総省）のオウム返しのことしか言えない」

歯に衣着《きぬ》せぬ政府批判は、そのまま労働党批判にもつながった。ベンさんは長い議員生活を振り返りながら「実際に政治的進歩をもたらすのは、自覚した市民の力が結集されたときだ」と力説する。それには、より多くの世界の市民が劣化ウラン弾の危険を知る必要がある。「私は議員になる前から核廃絶を唱えてきた。これからは劣化ウラン弾の製造・使用禁止も加えて、もっと市民に向けて語りかけていくつもりだよ」

ベンさんの平和への取り組みは、今後も日記に記録されていくに違いない。

六　国防省

時代を映すイギリス国防省ビルは、ロンドン市街を流れるテムズ川のほとりにあった。広報担当官の案内で長い廊下を歩き、エレベーターで部屋に着くと、湾岸退役軍人疾病ユニット（ＧＶＩＵ）の責任者であるクリス・ベーカーさんが待っていてくれた。

一定の危険は認識

「退役軍人たちは劣化ウラン弾の健康への影響を問題にしているが、われわれは影響を与えているとは考えていない」。ひげもじゃの、いかつい顔をしたベーカーさんは硬い表情で言った。予想通りの答えではあった。

「劣化ウランは鉛のような重金属物質で、微量の放射線を放つ放射性物質でもある。このために一定の危険があることは、われわれも認識していた。しかし、一九九一年の湾岸戦争で英陸軍が使ったのはわずか一二〇ミリ砲弾百個、一トン程度にすぎない。米軍のように誤射による死傷者もいない。危険とされる劣化ウラン粒子を体内に大量に吸入する可能性はほとんどない」

退役軍人らは、サウジアラビアでの交戦前の実射試験をはじめ、イラク軍との地上戦（二月二十四日～二十八日）でも、もっと多くの劣化ウラン弾を発射したと証言している。

それにしても、米国防総省が認める米英両軍合わせて約九十五万個（約三百二十トン）の各種劣化ウラン弾が広範に使用され、約三万人のイギリス兵がその範囲内にいたことは無関係なのか。

「われわれの実験では、戦車に砲弾が命中しても劣化ウラン貫通体のうち微粒子に変化するのは

「湾岸戦争での兵士の汚染は少ない」と、英陸軍部隊の移動状況を地図で示すクリス・ベーカーさん（ロンドン市）

一〇～二〇%程度。それもほとんどが戦車内か周囲数メートル内に落ちる。被弾した敵戦車をのぞき込んだりした者はいても短時間であり、健康に影響するほど内部被曝はしていない。周辺での使用も不発弾の方が多いんだから……」

環境汚染「わずか」

劣化ウラン弾使用に伴う危険について一定の認識がありながら、自軍兵士になぜ防護のための事前警告をしなかったのか。こう尋ねると「戦闘の展開があまりにも急で、その時間がなかったからだ」と、ためらいもなく答えた。

これまでに、相当数の退役軍人らがカナダやアメリカの独立した核化学者らの尿検査を受け、劣化ウランが検出されている。

その点についてベーカーさんは「現実は認識しているが、結果がどこまで科学的かも分からず、疾病と結びつけるような裏付けにはならない」と一蹴《いっしゅう》する。そのうえで、こう付け加えた。「国防省でも退役軍人のための医療診断プログラムを設けて、必要に応じて尿検査を実施している。受診に来る者がいないだけだ」

劣化ウラン弾が大量に使われたイラクなどの中東地域の環境汚染についても「汚染がないとは言わないが、人体や環境に影響を与えるほどのものではない」と決めつける。「イギリス軍にとって劣化ウラン弾は重要な通常兵器であり、弾薬庫から取り除くつもりはない」。将来の紛争や戦争での使用も否定しない。

答弁まるで人ごと

国防省は、イギリス軍がこれまでにかかわった紛争や戦争の中で、その後に健康障害を訴えるケースが湾岸戦争退役兵の間に目立って多いのは認めている。劣化ウランによる影響でないとすれば、ほかにどんな原因があると考えるのか…。

「アメリカ兵同様、戦場に赴いた自軍兵士の多くも抗化学兵器剤の臭化ピリドスチグミン（ＰＢ）の服用や、生物兵器であるボツリヌス菌に対するワクチン注射を受けた。油田火災による煙害、イラクによる化学兵器の使用も言われている。しかし今のところ、どれ一つとして彼らの疾病を科学的に裏付ける原因は見つかっていない。ミステリーだね、これは…」

まるで人ごとのようなベーカーさんの答弁に、同じような体験を味わった米国防総省での取材が思い出された。国防省に不信を抱き、退役兵らがほとんど診断に訪れなくなって久しい。

七　科学アドバイザー

イングランド北東部サンダーランド市のマルコム・フーパーさん（六五）の自宅に着くと、既に正午をかなり回っていた。

「あいにく妻がロンドンへ出かけて不在だけど、サンドイッチとスープで昼食にしよう」。サンダーランド大学名誉教授（医化学）のフーパーさんは、手際よく料理を作って食卓に運ぶと、湾岸戦争退役軍人とのかかわりについて話し始めた。

湾岸退役兵を支援

「一九九七年のことだ。四人の退役兵が私の研究室を訪ねて来た。働き盛りの一番元気な年ごろの若者がつえをついていてね。どこから見ても病人だった」。彼らの症状を聞き取りながら、自分の専門性を生かすことで退役兵らを支援できると考えた。

ロンドン大学で薬の開発、薬による病気など医化学分野で博士号を取得し、その後も生物化学、毒物学などの研究を続けてきた。

「湾岸戦争は西洋の軍事史の中で最も毒性に満ちた戦争だった。劣化ウラン弾の使用、イラク軍の化学兵器庫の爆破、油田火災、化学・生物戦に備えて兵士が取った安全性も確認されないさまざまな薬剤…。どれを取っても人体に無害ということはあり得ない」

フーパーさんは、劣化ウラン弾を「無差別相互確証破壊のための新兵器」と形容する。「政府や国防省は、劣化ウランは天然ウランより放射線レベルが低くて無害と主張しているけど、それはごく一面を見ているだけだ。特に兵器として使われたときは、とてつもなく危険が高い」と指摘する。

排出には二万四〇〇〇年

主要な危険性は砲弾が戦車などの物体を貫通した際に生まれる劣化ウラン粒子である。その時、劣化ウランの弾芯に使われる貫通体は、英国防省がいう一〇〜二〇パーセントではなく、最高七〇パーセントまでは煙霧状の酸化微粒子となって大気に放出される。千分の一ミリのマイクロ単位、特に五マイクロメートル以下だと肺に着床し、半永久的にそこにとどまるという。

「微粒子の多くが高熱でセラミック状になっており、吸入した量の半分が体外に排出されるまでの生物的半減期は十〜二十年。食物などに含まれる天然ウランだと溶解可能で、二十時間もすれば尿と一緒に体外へ排出される。が、溶解不可能なセラミック状だと、完全に排出されるまでに理論上二万四千年かかる」

劣化ウラン粒子は、血液を通してリンパ節や骨にもたまり、免疫システムや血液をつくる骨髄にも影響を与える。尿と一緒にわずかずつ体外へ排出されているのが、退役軍人らの尿検査から検出されているのだ。

「九年もたってなお検出されるのは、体内のいろいろな部位に劣化ウランが残っている証拠だよ。

「退役兵とは電子メールでやりとりすることも多い」と、自宅の書斎でメールをチェックするマルコム・フーパーさん（イングランド・サンダーランド市）

精子にも含まれることが分かっている」

遺伝子へも悪影響

フーパーさんは退役軍人と交流するようになり、妻たちが性交時に覚える「バーニング・センセーション（燃えるような激しい痛み）」についても多くの訴えを聞いた。彼はその原因をこう説明する。

「劣化ウランのもつ化学的毒性や、兵士が摂取した他の化学物質による影響で、精子をつくる代謝の際に異常が起き、非常に強いアミン物質、例えばアンモニアのような物質が多量に含まれてしまうのだ。塩基性のアンモニアは強い刺激性を有している。そのために女性たちは、下腹部に燃えるような激しい痛みを感じるのだよ」

劣化ウランの持つ放射性と毒性、その他の毒性物質による遺伝子への影響も否定しない。湾岸戦争退役兵の家族に、先天性異常のある子が目立つのも不思議ではないという。

「劣化ウラン弾が多国籍軍の兵士だけでなく、イラクの兵士や市民の健康と命を奪い、まだ生まれてこない生命にまで影響を与えている。だから私は無差別相互確証破壊兵器と呼んでいるんだよ」

自国の湾岸戦争退役兵の依頼で、チーフ科学アドバイザーも務めるフーパーさんは、最近ヨーロッパ各地に出かけ劣化ウラン弾の危険を訴えている。

八　退役軍人協会

「私の今の職場はここなんだ。全国の仲間とこの部屋から連絡を取り合っている」。全英湾岸退役軍人・家族協会（ＮＧＶ＆ＦＡ）会長のショーン・ラスリングさん（四一）は、両手を広げて四畳ほどの自宅の屋根裏部屋を紹介した。

　パソコン、プリンター、各地から届いた手紙、書類だな、書籍…。手作りの長机や壁を占拠する備品に加え、大きな体が部屋を一層小さく見せた。「それにこんなものまであるからね…」。一日に四、五回は横にならないと体が続かないという彼は、部屋の入り口にある幅広のソファを見やった。

　イングランドのハル市から国民義勇隊の医療技術者として一九九一年の湾岸戦争に参加。サウジアラビア北部に駐留し、イギリス兵よりも劣化ウラン弾などで負傷したイラク兵の治療に当たった。帰還後、激しい疲労感や足の関節に痛みを覚えるようになり、九六年にやむなく元の職場を去った。

孤立脱し九六年に設立

「協会設立の動きがあったのはちょうどその時。マンチェスター近郊在住で呼びかけ人の退役少佐を会長に、十人のメンバーで始めたんだ」

多くの疾病を抱えるアメリカの湾岸戦争退役兵と同じように、病気に苦しむイギリスの退役兵も、最初は孤立状態が続いた。とりわけイギリスではアメリカのような退役軍人病院がないため、湾岸戦争体験者や家族が一般の開業医院で顔を合わせる機会はほとんどなかった。

「個人から個人へ…人のつながりでここまで広がった」とラスリングさんは言う。今では全英各地に二千二百人を数える。「すでに夫を亡くした女性もメンバーに残っている。今でも週に三、四人は協会に加わっているよ。でも、一方で月に少なくとも二人が死亡しているんだ」と声を落とした。

戦争終結後に五〇〇人死亡

協会の目的は会員同士の相互扶助のほかに、政府と国防省に対し①湾岸戦争に伴う病気の認知②政府の責任による適切な治療の実施③軍務中の傷害や疾病による戦争年金の速やかな支給―の三点を求めることである。

湾岸戦争で中東に派遣された五万三千人のうち、戦闘地域で活動した兵士は約三万人。その中の約

「真実はきっと明らかになると信じている」と話すショーン・ラスリングさん（イングランド・ハル市）

六千人がさまざまな健康障害を訴え、約三千人が戦争年金受給者である。戦争終結後、二〇〇〇年四月末までの死亡者は五百人に上る。

「時の経過とともに退役軍人の病気は深刻さを増している。協会提唱者の初代会長も、二代目も病状の悪化で職を辞した。そのために私が三代目に選ばれたけど、自分の体も悪くなるばかり。妻の支援があるから何とかやれているんだ」

保険会社に勤めるマリアさん（三〇）とは四年前に結婚した。経済面ばかりでなく、週末にはボランティア職の夫の仕事を手伝う。

ラスリングさんらはこれまで、疾病の認知や治療を求めて国防省と何度も話し合ってきた。しかし、要求は冷たくはねつけられた。

「事実を認めようとしない政府や国防省は、われわれが早く死ぬのを待っているとしか思えない」。協会員は、失望と憤りを示すため、湾岸戦争参加の証《あかし》でもある軍からの「栄誉メダル」を返還した。

無害情報でミスリード

「国防省は、劣化ウランは無害だと誤った情報を国民に流してミスリードしている。それは結局、世界をも誤った方向に導くことにほかならない」

協会では現在、国防省と政府の責任を明らかにしたいと訴訟の準備を進める。「アメリカやカナダの湾岸退役兵、大きな被害が出ていると言われるイラクの人々らとも情報交換し、協力を深めたい。被害者のわれわれが世界にメッセージを発し続けることで、劣化ウラン弾使用禁止の声を高めることができれば…」

命を削るような日々を送りながら、活動に取り組むラスリングさんらイギリスの湾岸退役兵の思いは熱い。

第5章

戦場国の爪痕
――イラク――

一九九〇年八月のイラク軍のクウェート侵攻に対し、翌年一月十七日、アメリカを中心とした多国籍軍が空爆に踏み切った。こうして始まった湾岸戦争。三月三日の停戦協定成立までに犠牲となったイラク人は、民間人を含め十万人を超える。戦場となったイラク南部では、米英両軍が使用した放射能兵器である劣化ウラン弾などの影響が強く残る。兵士ばかりでなく、白血病などで命を落とす多くの子どもや市民。九〇年から続くイラクへの経済制裁が、医薬品などの不足に拍車をかけ、事態は深刻さを増している。

一　放射線治療

ヨルダンの首都アンマンから車で東へ約九百キロ。イラクの首都バグダッドに到着後、文化情報省で取材の手続きを済ませ、翌日市内の放射線・核医学研究所兼病院を訪ねた。

治療までに三カ月

「見ての通り、患者がいつもいっぱいでね。放射線治療を受けるために、一カ月から三カ月も待たなければいけないんだ」。恰幅《かっぷく》のいい病院長のタハ・アル・アスカリさん（四一）＝次ページ＝は、一階の廊下で治療を待つ患者たちに時おり声を掛けながら、院長室隣の会議室に向かった。

イラクで放射線治療設備のある病院は、ほかに北部のモスル市にもう一カ所あるだけ。放射線治療患者の八割以上が、この病院で治療を受ける。

「モスルには機器が一台。ここには四台ある。そのために全国から患者が集まる。そのうち四～五割はイラク南部の戦場地域や周辺の人たちだよ」

アスカリさんは、特にここ数年、その傾向が強まったという。「米英両国が使った劣化ウラン弾による影響が出ているのだろう。これから先、患者が増える可能性は高い。でも、今の古い設備ではとても対応できない」と頭を痛める。

同席していた腫瘍《しゅよう》学専門のカースム・ファーレさん（五二）の案内で、治療室を見学した。

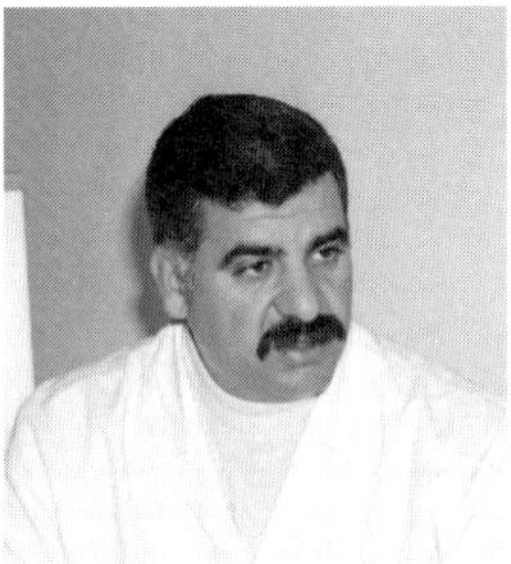

タハ・アル・アスカリさん

「四台のうち、比較的新しいのは一九九九年十一月にフランスから入ったこの機器だけ。これも先進国で使われているのに比べれば、随分遅れたものだけどね…」

治療中のランプと音が消え、厚いドアを開けて中に入ると、脳腫瘍の治療を終えた女性が、白い大きな機器から下りていた。

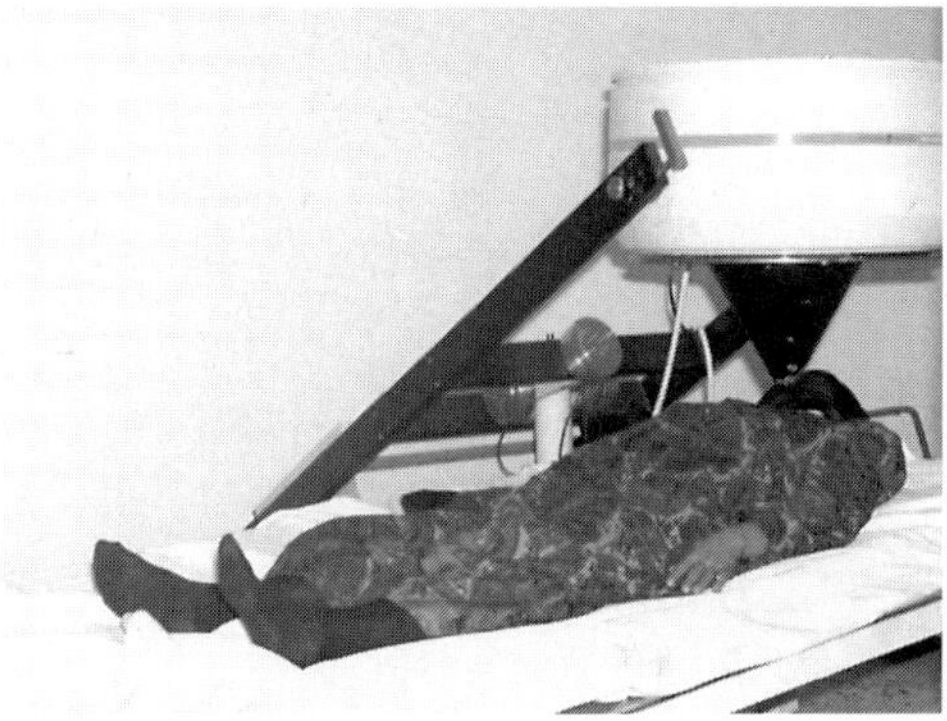

甲状腺がんの位置を確認するため、カメラ撮影を受ける女性患者。機器が古く、骨がんなどの位置確認には使えない（バクダッド市）。

一日に八〇人が限度

他の三台の機器は既に二十年がたち、時代物の印象はぬぐえない。一台は乳がん、もう一台は皮膚がん専用である。午前八時から深夜十二時まで、四台が稼働して八十人の治療が限度だ。うち十～十二人は毎日新しく受け入れた患者である。

「機器が古いので、放射線源のコバルト60から放出されるガンマ線が弱くなっている。普通なら瞬時に終わる治療も、必要な線量に達するまで十五分から三十分もかかってしまう」とファーレさん。

入手困難ヨウ素131

その上、機器に故障が起きると古くてスペアがなく、修理専門の技術者もいない。「この時は一気に効率が落ちてしまう」と嘆く。固形腫瘍患者のみを治療するこの病院では最近、脳腫瘍、悪性リンパ腫のほか、子どもの甲状腺がんや女性の乳がん患者の増加が目立つという。

しかし、甲状腺がんの治療に必要なヨウ素131は、放射線治療機器と同じように「放射性物質」として経済制裁で入手がままならず、乳がんの患者らの中には、治療を待つ間に死亡するケースも少なくない。

「今も百二十人以上の患者が放射線治療を待っている。われわれがベストを尽くして治療に当たっても、現状では助けられないことが多い」。案内に加わったアスカリさんは、無念さを口元ににじませた。

効率の悪い機器と数の不足、最新の学術文献や医学雑誌の欠如、閉ざされた国際学会への参加…。

「治療法は日々進歩しながら、われわれはこの十年間、経済制裁のために新しい機器や知識を求めることすら許されなかった。放射能をまき散らして被曝者をつくりながら、治療の道は閉ざす。こんなことが許されていいのだろうか…」

アスカリさんは、穏やかな口調でこう問い掛ける。

二　環境汚染

「劣化ウラン弾が大量に使われたイラク南部では、今も放射能汚染が深刻です」。バグダッド大学助教授のソアッド・ナジ・アル・アザーウイさん（四七）はデータを示しながら、アメリカ人ら約五十人に、劣化ウラン弾による環境汚染の実態を流暢《りゅうちょう》な英語で説明した。

使用直後に測れず

「例えば、私たちが採取したサファアンやズベアなど五カ所の地域の土壌からは、自然界の放射能値がゼロのトリウム234（Th234）が一キログラム当たり八五〇ベクレルから六五二〇〇ベクレルも含まれていました。トリウム234はむろん、劣化ウラン（U238）の崩壊過程で生まれたものです。一ベクレルは一秒間に一個の原子の崩壊を表す放射能の単位です」

だれもが理解できるように、彼女はやさしく言った。「調査地域には、約十二万五千人が住んでいます。住民への直接的被害はもとより、作物や家畜への影響、地下水汚染なども懸念されます」

アメリカ人らに劣化ウラン弾が使われたイラク南部の環境汚染の実態について説明するソアッド・ナジ・アル・アザーウイさん（バグダッド市）

バグダッド市街のホテルであったアザーウイさんの講演は三十分余り。より詳しく調査結果を知るため、翌朝、市内のはずれにあるバグダッド大学工学部のキャンパスを訪ねた。環境工学博士課程プログラムのチーフを務める彼女の研究室は、建物二階にあった。

「これが昨日の話をまとめた資料よ」。アラビア語と英語で書かれたその資料を基に説明を聞いた。

「私たち六人の研究チームが調査を開始したのは一九九六年。その後、毎年、砂の移動による汚染地域の拡大を含めて追跡調査している。ただ、劣化ウラン弾の使用直後に直接放射能レベルを測れなかったのは、返す返すも残念だわ…」

計算式用いて推定

アザーウイさんが、湾岸戦争で米英両軍が劣化ウラン弾を使ったのではないかと知ったのは九三年のこと。当時は測定器具の問題や抱えている仕事もあって、現地調査ができなかった。

実現したのはそれから三年後である。測定を基に、計算式で使用直後の空気、土壌、水の放射能値を割り出した。さらに、風力や風向き、砂の移動などを加味しながら人口約百六十万人のイラク南部最大の都市、バスラ地域への影響を推定した。

「人体への最大の影響は、劣化ウラン弾の使用時に生じた微粒子の吸入であることは間違いないわ。バスラの住民は、当時確実に被曝している。イラク兵もだけど、状況によっては北に向かって移動していた彼ら以上に、風下にいたアメリカ兵や多国籍軍兵士の方が被曝の危険が高かったでしょう」

調査に裏付けされたアザーウイさんの言葉からは、環境学者としてトレーニングを積んだ者の確かさが伝わってきた。

「危険知らせたい」

「小さい時から科学者にあこがれていた」という彼女は、三十歳で米国コロラド州のコロラド鉱山大学へ子連れ留学。地質環境工学を学び、同州の原発に関する地下水汚染研究で博士号を取得した。その直後の九一年一月、九年余のアメリカ生活を終え、湾岸戦争のさなかに帰国した。

劣化ウラン弾を使った当事者の米国防総省や英国防省は「環境への実質的な影響はないと主張している」と、こちらの取材体験を伝えると、彼女は半ばあきれ顔で反論した。

「例えばそれが一個や二個ならね…。でも、何千、何万、それこそ百万個にもなると話はまったく別。ウラン238の半減期は四十五億年。化学的な毒性作用も強い。そこには、人も動物も住んでいるのよ。何の調査もせずに、よくそんなことが言えるわね」

アザーウイさんは今、アルファ線が正確に測定できる精密な質量分析計や、現地に設置できるコンピューターが一番欲しいという。

「より正確な科学的データを集めておきたい。ペンタゴン（米国防総省）に反論するためというより、劣化ウランを使えばどうなるか、その危険を知ることは世界の人々にとって大事なことだからよ」

熱っぽい彼女の口調には、科学者としての尽きない探求心がにじんでいた。

三　医師の苦悩

午前五時。文化情報省のガイド（三四）とともにホテルをたち、一九九一年の湾岸戦争で市内の多くが空爆を受けたバスラ市を目指す。バグダッドからは六百キロ南東である。

「ハイウエーではなく、幹線道路を走ります」。生活のために小学校教師を辞め、八〇年代の大型のアメリカ車を買ってハイヤー業を営むドライバー（三四）は、達者な英語で話しかけながら、イランの国境にほど近い道を取った。

湾岸戦争後増える

ユーフラテス川沿いのハイウエーは、今も米軍機が監視飛行していて空爆の可能性があり、時には

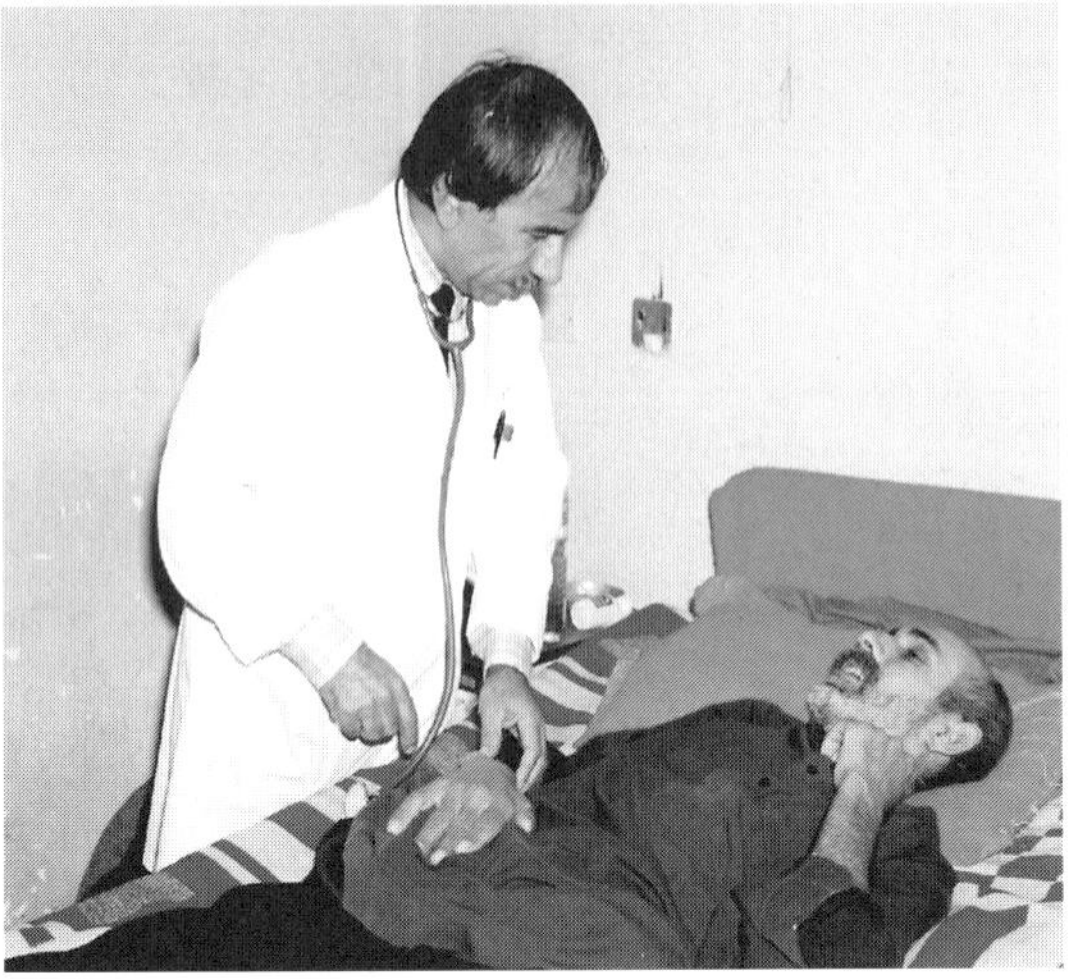

サダム教育病院の腫瘍病棟で、白血病の入院患者を診るジャワッド・アル・アリさん（バスラ市）

武装した追いはぎ集団が出没するという。

途中で一度休憩を取り、「一ドル（百七円）で百リットルはつげる」というガソリンを給油。午前十一時すぎにはバスラ市内に入る。地方庁舎で取材手続き後、地元のガイド（四八）を乗せて市内最大のサダム教育病院へ向かった。

「湾岸戦争後はとにかく大変だね。バスラなどイラク南部では気管支や胃腸の障害など病人が増えている上に、年々がん患者が増加している。広島や長崎の被爆者と似ているのかな、とも思ったりしている」

「腫瘍病棟」の入院患者の回診を終え、部屋に戻った腫瘍学センター長のジャワッド・アル・アリさん（五五）は、物静かに言った。長年イギリスで暮らし、八四年に帰国後、故郷のバスラの同病院で治療に当たる傍ら、教壇にも立つ。

放射線の影響疑う

「バスラ市内の病院で死亡したがん患者は、八八年は三十四人。十年後の九八年は四百二十八人。九九年は五百人に達している。これから先を思うと…」

アリさんの妻の家族も、義母をはじめ六人ががんを発症し、三人をみとった。最近は白血病、乳がん、悪性リンパ腫、脳腫瘍の増加に加え、これまでほとんど見られなかった女性の肺がん、若い世代の卵巣がんや睾丸《こうがん》がんが目立つようになったという。

「卵巣や睾丸などは放射線に敏感であり、生殖作用と深い関係がある。先天性障害児の増加も、劣化ウランによる放射線や化学的毒性の影響を受けているせいでは、と疑っているんだ」

劣化ウランとがんとの因果関係は、肺がんや骨がんなどを発症した患者の組織を調べ、劣化ウランの蓄積を確認できれば、科学的な裏付けに近づけると考える。だが今は、それを調べる手段を持たない。

そして、それ以上にアリさんの関心は、医師として「目前の命を救う」ことに向けられている。「これだけのがん患者を抱えながら、乳がん治療用の放射線機器すらない。交通費や滞在費の工面が難しいのが分かっていながら、バグダッドへ送らねばならないのは忍びない」と声を落とす。

影落とす経済制裁

放射線治療だけではない。化学療法でも、必要な医薬品は常に不足状態。「九七年の国連安保理合意で始まった食糧と医薬品のための部分的石油輸出緩和で、以前よりわずかに状態がよくなったのは確か。でも、化学療法では複数の薬を組み合わせなければ効果が上がらない。なのに二つがそろったかと思うと、一つが足りないといった悪循環を繰り返している」

この病院でも、バグダッドの病院で薬局を視察した時も、医薬品の不足が続いているのは明らかだった。患者の治療には、血小板の輸血など支持療法が不可欠だ。しかし、血小板を取り出すための血液分離器は、軍病院に一台あるのみ。血液銀行から血液を軍病院に送り、分離後に送り返してもらうという煩雑な手続きが必要である。

「退役軍人を含め、この病院には毎日新しいがん患者がやってくる。私の関心は彼らの命を救い、永らえること。そのための医療体制を一日も早く整えることなんだ。先進国並みにね…」

経済制裁が続く中で、その体制整備がいかに困難か。それを知るベテラン医師の苦悩は深い。

四　湾岸退役兵

破壊された飲料工場の建物。がれきのままの民家。中央で崩れた橋…。

バスラ市内に今も残る湾岸戦争時の多国籍軍による空爆の爪痕《つめあと》を見た後、再びサダム教育病院を訪ねた。「腫瘍病棟」に入院中の湾岸戦争退役軍人に「短時間なら話が可能」との許可が得られたからである。

「予断許さぬ状況」

「現在、二人が入院中だけど、どちらも予断を許さない状況です」。担当医のウイザム・ナフィーさん（三二）の説明を受けながら、エレベーターで五階の病室へ向かった。「十日前にも一人の退役兵を悪性リンパ腫で失ったばかりなんですよ」

四人部屋の窓辺のベッドに横たわるベイシム・アビッド・アル・サダさん（二九）。湾岸戦争から三年後の一九九四年、慢性骨髄性白血病と診断され、以後入退院を繰り返す。

「軍隊ではトラックの運転をしていた。湾岸戦争前から毎日二回、バスラからクウェート市まで物資を運んでいた。ハイウエーを使ってね」。左腕に輸血を受けながら、サダさんは通訳を務めてくれるナフィーさんにアラビア語で言った。

「アメリカの空爆（九一年一月十七日）が始まって間もなくだった。クウェート内にいるときに攻撃を受けて、荷台に乗っていた二人が殺された。もう一人は大けがをした。自分も運転席から投げ出されたけど、けがもせずに助かったよ」

チリと一緒に吸引

黒い服の上からも分かるほど、サダさんの腹部は膨張していた。ナフィーさんによると、肝臓や脾《ひ》臓が張れ、腹部に水がたまっているのだという。

「とにかく、戦争中はチリと油田の煙がすごかった。砂漠の中を戦車のような大きな物が動き回るから、砂嵐《あらし》

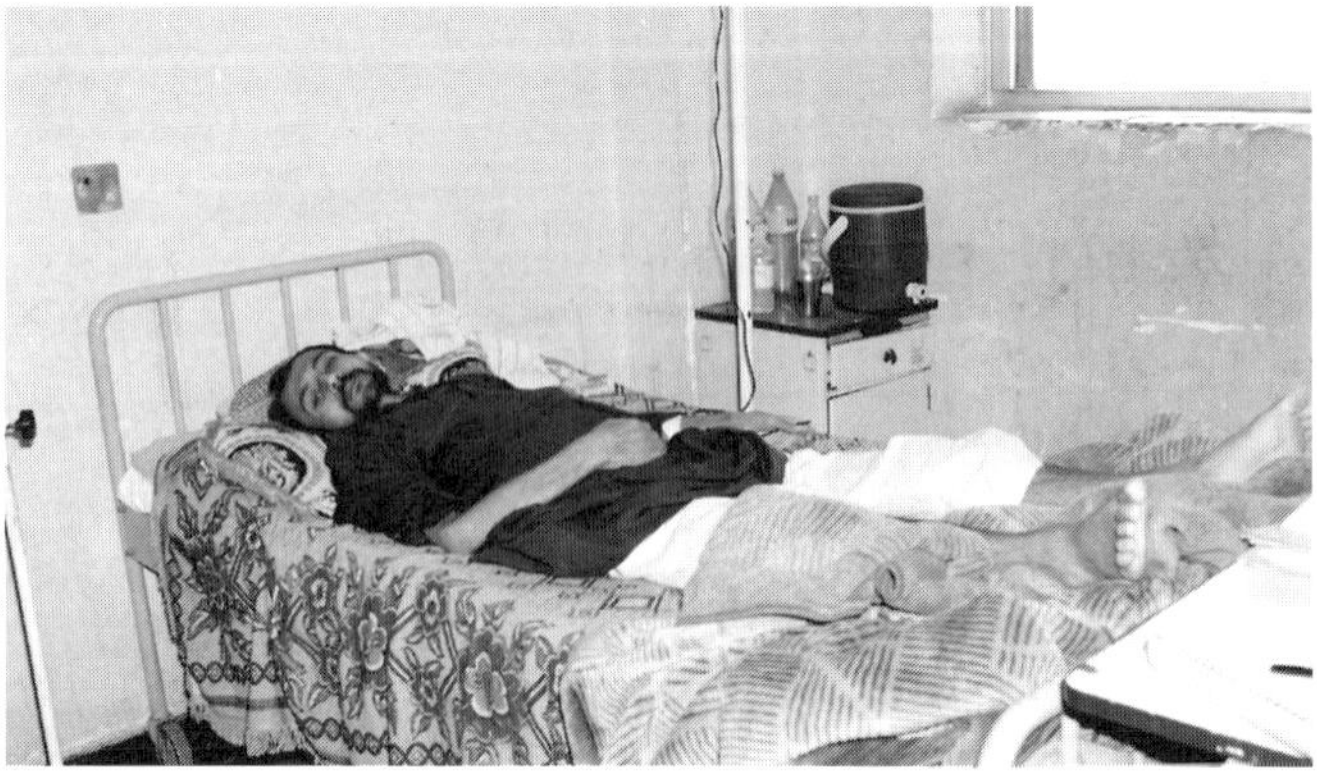

「関節と腹の痛みさえなければ…」と、回復を願って輸血を受けるベイシム・アビッド・アル・サダさん（バスラ市）

がなくても前が見えにくいときがあった。戦争中にたくさんの友達が死んだのがつらい…」

サダさんが通いつめた道は、アメリカ兵らが「死のハイウエー」と名づけた、イラク軍にとって大きな犠牲を出した場所である。大量の劣化ウラン弾が使われたその地域で、サダさんはチリと一緒に劣化ウランの微粒子を体内に取り込んでしまった、とナフィーさんはみる。

だが、彼が知るのは自分が「貧血」であるということだけ。劣化ウランという言葉も、その影響も告げられていない。

病気のために九四年に除隊したサダさんは、その年に結婚。四歳になる息子がいる。「病気の前はどんなに働いても疲れなかったけど、その後は関節痛もあって働いてないんだ。父親が生活の面倒を見てくれているから心配はしてない。元気になってまた家に帰るのを楽しみにしているよ」

サダさんは今回の入院で、慢性から急性に転化していると診断された。そのことを知らない彼は、濃いひげの間から白い歯をのぞかせ、かすかに笑った。

患者は増加の一方

「隣のベッドの退役兵はマーリック・カーディム・ザーミルという名前で、三十六歳。急性白血病と診断されて一週間だけど、既に歯ぐきから出血している。危ない状態だね」。ナフィーさんは、そう言ってザーミルさんの脈を測った。

徴兵でトラックの運転士をしていたザーミルさんは、クウェートにほど近いサウジアラビア北部に駐留していた。「撤退する間、いつも爆撃にさらされていた。周りで大勢の仲間が犠牲になったよ」。出血のためか、彼は話しにくそうに医師に語りかけた。

戦争中は、けがも病気もしなかったという。九一年に除隊後、野菜やトマトの仲買で生計を立て、六人の子どもを養ってきた。「一週間前まではぴんぴんしてたのに、急にこんなことになってしまって…」

ザーミルさんは、いまだに自分の体の急激な変化が信じられない様子だった。

「湾岸戦争退役兵のがん患者は、ここ四、五年増える一方です。それも放射線による影響が強いと言われる白血病やリンパ腫が圧倒的に多いんです」。ナフィーさんは、劣化ウランとの関連を抜きに、事態の説明はつかないと強調した。

五　先天性異常

「ここにある六十七人の先天性障害のケースは、バスラ市内の病院で一九九九年八月の一カ月間で起きたものです」。バスラ小児・産科病院の小児科医、フィラス・アブダル・アバスさん（三三）は、そう言って病院内の大会議室の壁に展示した先天性異常の赤ちゃんの写真に目をやった。

戦争前の三、四倍

「この赤ん坊は骨の異常。口唇・口蓋《がい》裂のケース。この子は無脳。皮膚のない状態。首と頭の異常。これはアザラシ肢症と呼ばれるケース…」。アバスさんの説明は続いた。多くは死産か極めて短い命だという。

アバスさんの案内を受け、白血病などのがんで入院中の子どもたちを取材した後だけに、目前の写真が一層心に重くのしかかってきた。

「一九九一年の湾岸戦争前と比べると、バスラでは先天性障害の新生児の誕生は三、四倍。がんの発症率の増加と似た傾向にあります」

大会議室でアバスさんの説明を聞いている時、産科病棟から一人の看護婦が小走りにやって来て言った。「今、死産の赤ん坊を取り上げました。もし、写真を撮るのでしたら、先生がいいと言っています」

小児病棟から産科病棟への長い廊下を歩き、手術室へ向かうと、父親らしい青年や、イスラム教徒の伝統的な女性の服装であるヘジャブ姿の肉親らが心配そうに廊下にたたずんでいた。


「なぜ、二度も…」


帝王切開で母胎から取り出された赤ちゃんは、体長四十～五十センチ。脳が無く、手足の指はそれぞれ六本だった。手術を終えた母親は、寝台に乗せられ、すぐ病棟へ運ばれた。

「父親は湾岸戦争の退役兵なんですよ。九九年一月の出産でも、今日とまったく同じ状

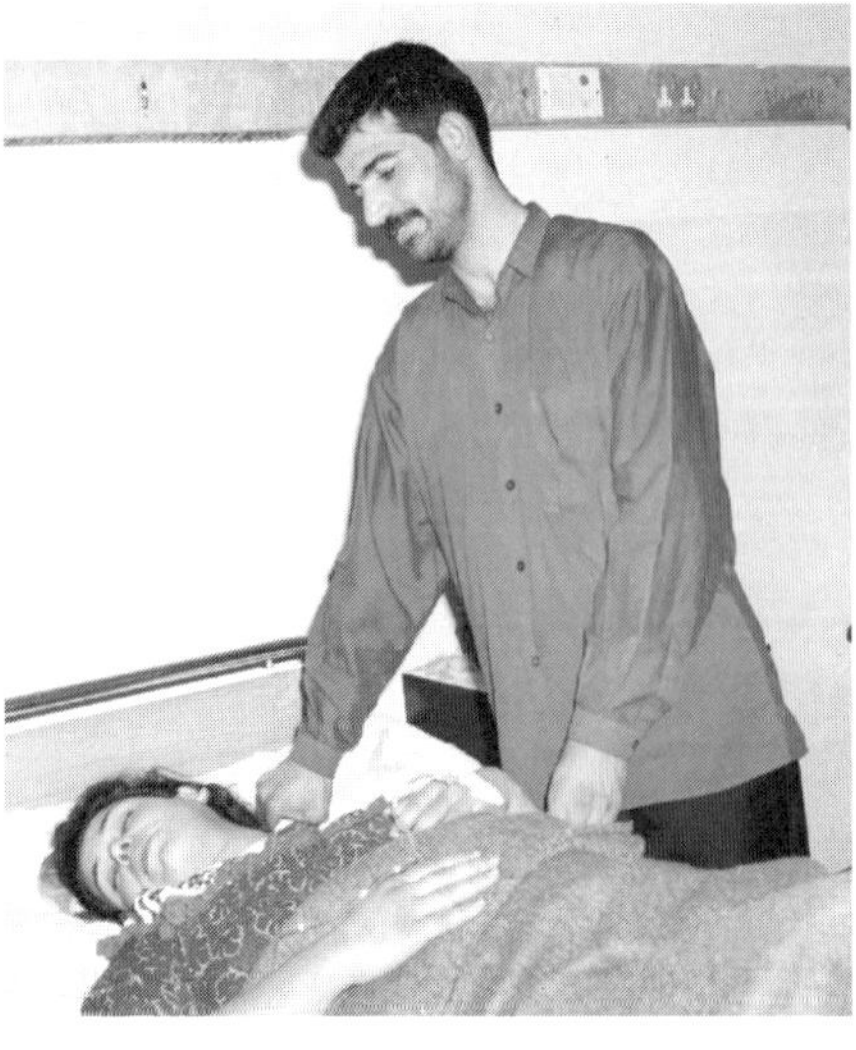

手術を終え、病室に戻った妻にいたわりの言葉をかけるモハメッド・ハッスンさん（バスラ市）

態だった」。額の汗をぬぐいながら手術室から出てきた主治医のフェイズ・アル・ウェーリーさん（三二）は、冷静な口調で言った。「この病院では、ひと月に八百五十人から千人の赤ちゃんが生まれるけど、毎週一人ないし二人は異常児。とても多いです」

ウェーリーさんの計らいで母親のいる病室を訪ねた後、別室で父親のモハメッド・ハッスンさん（三二）から話を聞いた。

「なぜ、二度もこんな不幸が起きるのか、私にはさっぱり分からない。家族にも親類にも、先天性異常の者は一人もいないのに…」。いすに腰を下ろしたハッスンさんは、落胆を隠せぬように視線を落とした。

徴兵で陸軍部隊に所属した彼は、九〇年八月のイラク軍のクウェート占領と同時にクウェート市の西約三十キロのアル・ジャバラ市に駐留。九一年二月二十四日の地上戦が始まる前の空爆で「運転していた小型トラックが破壊された」と振り返る。

「戦争で命が助かったのは神の加護のおかげ」とハッスンさん。九二年の除隊後は、バスラ市内でせっけんやシャンプーなどを販売する雑貨店を営み、大病を患うことなく暮らしてきた。同い年の妻との間に、六歳を頭に三人の息子がいるが、「今のところ元気だ」と言う。

複合的要因と指摘

「劣化ウラン？　そんな言葉は聞いたこともない」。放射能という言葉も耳にしたことがないハッスンさんは「原因は分からないけど、もう子どもをつくる勇気はありません。妻の回復と、三人の子が病気をせずに育ってくれるのを神に祈るだけです」と、何度も「神（アラー）」を口にした。

ハッスンさんとの通訳を務めてくれたウェーリーさんは、劣化ウランや放射能の意味をあえて父親には説明せず、こう付け加えた。

「アメリカやイギリスの湾岸戦争退役兵の家族に、先天性障害の子が多いというのは、九八年にバグダッドで開かれた湾岸戦争の影響に関する国際会議などで聞いています。きっと劣化ウランのほかにも、複合的な要因があるのでしょう。親たちの悲しむ姿を何度も目にするのは、医師としてつらいことです…」

六　女性医師

バスラ市西部のアル・ハイアニア地区に、婦人科医のナディア・ユシフさん（三三）の小さな診療所はあった。「ナディア」の名前を頼りに、繁華街のビルにある同名の女性医師の診療所を訪ねたところ、「そのナディアさんなら知っている」と教えられ、診療終了前に辛うじてたどり着いた。

ランプともし診療

平屋建ての玄関を入ると、六畳ほどの待合室に二人の女性が診察を待っていた。その奥の診察室で診療中の彼女に来意を告げると、突然の押し掛けにもかかわらず、快く取材に応じてくれた。

停電のため、ガスランプをともしての診療である。待合室はガスよりも暗い石油ランプで、ほのかに照らされていた。

イラクではほとんどの医師が朝から午後二時までは公立病院で働き、午後三時からは個人クリニックで、それぞれ診療に当たる。給料が安くて暮らしていけないためだ。一般の国家公務員の給与は月額三千五百～五千ディナール（約二百～三百円）。役人らも午後二時の勤務時間を終えると、路上で商売をするなどさまざまなアルバイトに精を出す。

「お待たせしました」。診療を終えたユシフさんは、目鼻立ちのくっきりとしたふくよかな顔に笑みをたたえ、いすを勧めてくれた。三畳ほどの広さに机といすが数脚。聴診器と血圧測定器のほかは、医療器具らしいものはなかった。

「私は自分の体だけじゃなくて、バスラや戦場になったイラク南部の人たちの健康がこれから先どうなるのかと思うと、本当に不安で仕方ないのよ」。滑らかな英語で彼女は、不安の理由を話し始めた。

病院の中庭に爆弾

「私の場合は、二人目の子を妊娠している一九九九年の六月に、右の乳房にしこりを感じて生体検査を受けたの。悪性と分かって、七月一日に手術を受けたわ。一週間後に二女を産んで、それから半年間化学治療を続けたのよ」。その間はむろん、ユシフさんが勤める病院も、診療所も休んだ。

「十二月の初めにバグダッドへ行って、放射線治療を一カ月間受けたの。治療できる病院が一つだから随分待ったけどね。体が回復して仕事を始めたのは、つい最近のことよ」

「血圧が少し高いから気をつけるのよ」と、患者に優しく声を掛けるナディア・ユシフさん（右）（バスラ市）

がんの宣告を受けた時は、絶望感に襲われた。今では、右腕の動きがやや不自由な以外はほぼ以前の生活に戻り、希望もわいてきた。

「それにしても、ここ一、二年で私の周りの女性の医師が四人も乳がんにかかるなんておかしいと思わない。みんなほとんど同じ時に医学生時代を過ごした仲間なの…」。今のところ、早期発見、早期治療で四人とも仕事に復帰しているという。

九一年の湾岸戦争の時、ユシフさんは二十四歳。医学生からバスラ中央教育病院の研修医になったばかりだった。病院の中庭に二発のロケット弾が撃ち込まれて四人が犠牲になったり、バスラ市内の自宅の周辺にも爆弾が落ちた。

離れられない故郷

「むろん、乳がんの患者が多いのは女性の医師だけじゃない。病院でも、ここのクリニックでも驚くほどよ。二十代の若い女性にまで広がっているの。卵巣がんや子宮がんも増えているわ」

ユシフさんは、自分たちは医者だから乳がんの早期発見ができたという。しかし、一般の女性は乳がんについての知識が乏しく、経済的な理由もあって、病院を訪ねた時は手遅れのことが多い。啓発活動と乳がん検診を推し進めないと、犠牲者がもっと出る、と懸念する。

「バスラやイラク南部の環境は、今でも劣化ウランや他の爆弾による化学物質などで汚染されていると思うわ。空気や食物を通して知らないうちに汚染物質を体内に取り込んでしまうかと思うと、二人の娘の健康も心配。だけど、好きな故郷を離れることはできないわね…」

陸軍将校の夫（三六）が任務でバスラを離れても「ついていかない」と言うユシフさん。仕事や故郷への愛着の強さが、健康や環境への彼女の不安を一層かき立てていた。

七　国境地帯

バスラ滞在中の一日を利用し、イラク軍の管理制限地域にあるクウェートとの国境の町、サフアン市へ向かった。十五分ほどでチェックポイントを通過。国連平和維持軍（ＰＫＦ）の監視区域へ入る。時おり「ＵＮ」のマークを付けたジープやトラックが走りすぎる。

「死のハイウエー」

「この辺り一帯だよ。湾岸戦争で、自軍の戦車やトラック、装甲車などがたくさん破壊され、多くの犠牲者を出したのは…」。一九九一年の湾岸戦争時、ビデオ撮影班の一員としてイラク軍に勤務したバスラからのガイド（四八）は、車窓の外を指さした。

米英の兵士らが「死のハイウエー」と呼び、戦場のありさまを「後学のために」と見学ツアー。劣化ウラン弾で破壊された戦車などに上って被曝した場所である。説明を聞きながら、アメリカの湾岸戦争退役兵が撮影した当時のすさまじい破壊写真を思い浮かべた。

ハイウエー近くの残がいは、すべて片づけられていた。遠くで埋蔵の天然ガスが地表から勢いよく炎を上げて燃え、その先の精油所の煙突からも炎が噴き上がる。車は四十五分で、バスラから南六十五キロのサフアンへ。人口二万八千人の市の行政庁舎は、湾岸戦争以来封鎖されたままの国境と、目と鼻の先にあった。

イラクでは行政区が変わるごとに取材手続きをし、地元のガイドがつく。「監視」の意味合いもあるのだろうが、取材相手と英語で直接意思疎通できるときは、そばにいるわけではない。

文字通りこちらの取材希望に合わせてのコーディネーター兼ガイド役。地の利を得ているだけに、助かることも多い。本省のバグダッド、バスラそしてサフアンからの三人のガイドとともに、近くのサファン病院を訪ねた。

毎日二五〇～三〇〇人来院

入り口の待合室は、老若男女であふれていた。三人の医師と一人の歯科医が患者を診る。女医のサッド・カースンさん（三〇）が、忙しい手を休め、別室で取材に応じてくれた。

「患者は毎日二百五十人から三百人。白血病、リンパ腫などのがん患者が出ているけど、ここでは疑わしい人をバスラの病院へ送るだけ。正確な診断や治療をする設備がないのです」

気管支や胃腸障害、頭痛、関節痛などが多いという。カースンさんが心配しているのは女性の乳がん。サファンの二十歳から四十五歳までの約六千人の女性のうち、二割が乳房のしこりを訴えているからだ。精密検査のための紹介状を持たせた女性が、手術後に病院を訪ねてくることも一再ではない。

先天性障害児も増えている。「サファン周辺にはまだ破壊された戦車が残っているように、劣化ウラン弾の集中砲火を浴びた所。住民のほとんどが劣化ウランの微粒子を吸い込み、戦後の今も環境汚染による後遺症が残っているのよ」。カースンさんは強い調子で言った。

危険、ＰＫＦも移動

クウェート国境そばの農家の庭先で、１人で無心に時を過ごすジャーブルちゃん。夏場は50度にもなる（サファン市郊外）。

破壊された戦車は、サファンから西約二十五キロの「ラクダ」を意味するセナーム山のふもとなどに放置されていた。途中にあるＰＫＦの宿舎用の建物に、人気はない。「より安全な地域へ」と移動してしまったからだ。農家に立ち寄ると、庭先に古いじゅうたんを広げ、小さな子が一人でたたずんでいた。

「名前はジャーブル。男の子です。八歳になるけど、生まれた時からの障害で成長できないの。言葉もしゃべれなくて…」。黒いヘジャブに身を包んだ母親のベギア・スアッドさん（三〇）が、息子を見つめて言った。湾岸戦争時に妊娠していた、七人の子の上から二番目。「ほとんど食べないから心配です」

ビニールで覆ったトマトの生育は、水があるので順調だという。「劣化ウラン？　そんな言葉は一度も聞いたことはありません」とスアッドさん。ジャーブルちゃんの背後の広大な大地で育つトマトは、本当に安全なのだろうか…。

八　湾岸戦争調査センター

イラク南部での取材を終え、首都のバグダッドへ戻った後、文化情報省ビル三階の「湾岸戦争調査センター（ＧＷＲＣ）」を訪ねた。

「バスラでの取材はどうでしたか？」。イラク訪問前から連絡を取っていたセンター長のナスラ・サズーンさん（五四）は、知己のように温かく迎えてくれた。小説家で、新聞などに時評も書く。英語、フランス語に堪能で、外国人とのつながりも深い。

医師や学者ら協力

一九九七年、彼女の幅広い知識と経験が買われ、民間からセンター長に就任した。

「センターの主な目的は、湾岸戦争の影響についてあらゆる情報を集めたり、季刊誌の発行やビデオを製作したりして、こちらからも情報を世界に提供することよ。中でも劣化ウラン弾の影響に関しては、一番力を入れているわ」

センターは文化情報省の一部門として九四年に設立された。現在はサズーンさんを含め二十人のスタッフを擁する。このほか各大学の環境学者、放射線科学者、医師、映像関係者らがさまざまな形で協力。保健省などとも連携して活動を推進している。

「自由に外国との行き来ができない今の状態で、海外の文献を集めるのは容易じゃない。でも、アメリカの湾岸戦争退役兵がイラクを訪問した時に持ってきてくれたり、イギリス、フランス、ドイツなどから知人が送ってきてくれたりしている。主要文献は専門家の協力を得て、可能な限りアラビア語に翻訳するようにしているの」

サズーンさんはそう言うと席を立ち、同じ階にあるセンターの資料室を案内してくれた。

欲しい精密測定器

湾岸戦争に関する英語などの書物、雑誌、研究文献、パンフレット、新聞記事、ビデオ…。劣化ウラン弾や放射線の影響などについての資料は、約七十平方メートルの部屋の一角に特別コーナーを設け、集められていた。

「これは九八年にバグダッドで開いた湾岸戦争後の健康・環境への影響をテーマにした国際シンポ

ジウムの内容を英語でまとめたものよ」。サズーンさんは、印刷段階の分厚い資料を取り出した。

「これを読めば退役軍人やイラク市民、特に子どもたちの間に多くの健康被害や死者が出ていることが分かるでしょう。ただ、劣化ウランとの因果関係などをより科学的に裏付けるためには、国際的な協力が欠かせない」とサズーンさん。

今、イラクにとって必要なのは尿や血液、土壌や植物などの放射線や化学汚染物質を分析できる高度な測定器具だという。「できればイラク人の科学者と一緒に、独立したそれぞれの分野の世界の専門家が協力して、調査に当たってくれれば理想なんだけどね…」

「湾岸戦争調査センターに、広島や長崎の原爆文献もぜひそろえたい」と話すナスラ・サズーンさん（バクダッド市）

保健副大臣のサミ・アル・アラッジさんとのインタビューでも、その点が強調された。

米国の「敵視策」嘆く

「フセイン大統領を含め私たちイラク人は、アメリカ政府などの宣伝で、まるで世界の人たちから悪魔のように見られているようだわね」

国際的な協力が得られぬ背景にある「イラク敵視策」を、サズーンさんは嘆いた。「私たちには確かに独自の文化や伝統というのはあるわよ。でも、私たちも日本人や他の世界の人々と同じ、普通の人間。平和で健康に暮らしていきたいと願っているわ」

イラク制裁で一番強硬姿勢を取るアメリカは、広島、長崎に原爆を投下し、湾岸戦争や、コソボ紛争では新たな放射能兵器を使用した。

「非人道兵器を使い、自軍兵士をも含めて多くのヒバクシャをつくり、戦争終結後も何年にもわたって人々の命を奪い、苦しめ続ける。それをしているのは、人道や人権を声高に唱える当のアメリカ政府じゃないでしょうか…」

穏やかに語るサズーンさんの言葉は、大方のイラク人の思いを代弁していた。

［関連リポート②］

がんに苦しむイラクの子どもたち

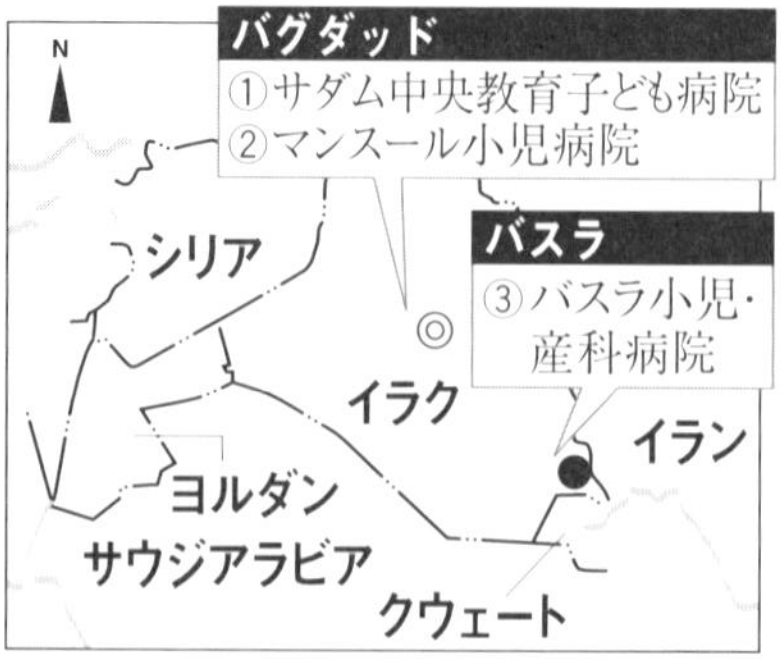

写真説明の①②③は、どの病院に入院中かを指す。

澄んだ大きなひとみで一点を見つめる少女。不安そうに医師の回診を受ける少年。父親に抱かれたあどけない表情の幼児…。

一人の命が絶たれ、病魔に襲われた子が新たに運び込まれる。バグダッドのサダム中央教育子ども病院など、首都やイラク南部の主要病院のがん病棟は、白血病などで苦しむ子どもたちであふれる。幼い命を救えぬ無力感と焦燥に駆られながら、医師たちはひたすら治療に取り組む。

一つの病院で、同じ日に二、三人が白血病と診断されることも珍しくはない。だ

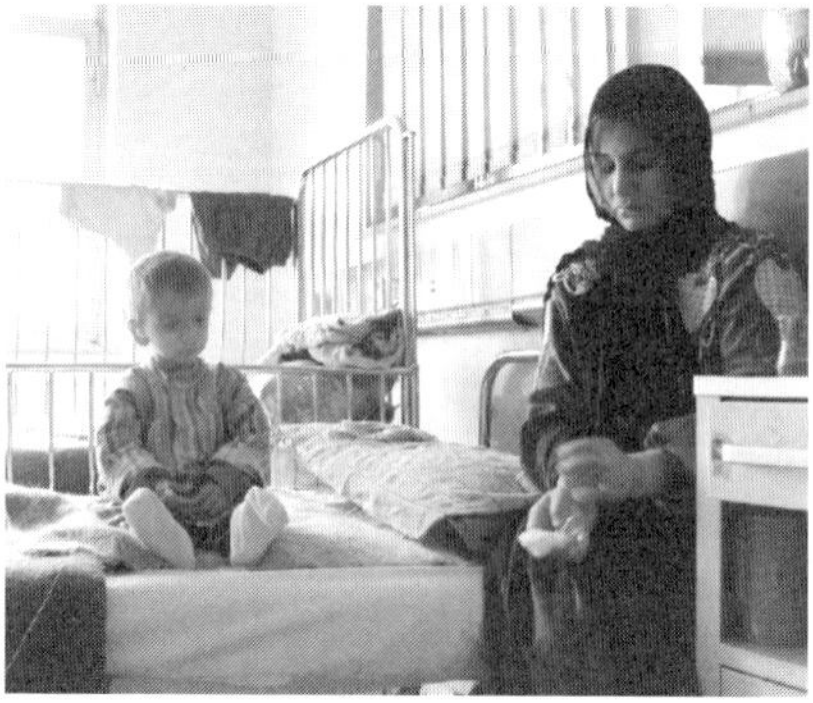

モルタダ・アハマドちゃん
男　1歳　白血病　①
「バビロンから来ました。先生から難しい病気だと聞かされています。ずっと元気がないので心配で…」（母・サビアさん）

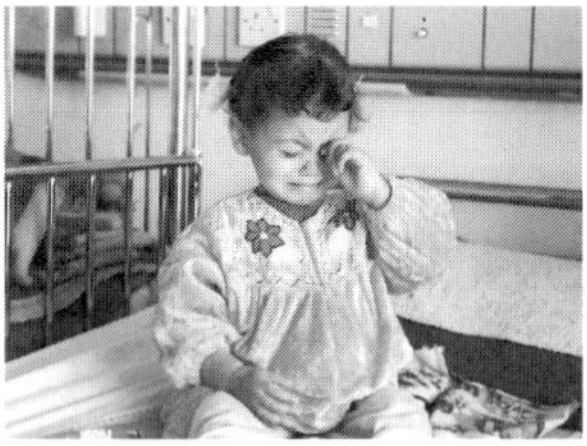

マリアン・マハディちゃん　女　1歳　白血病　①
「イラク南部のアルディワニアからです。毎日、治るのをアラーに祈っています」（母）

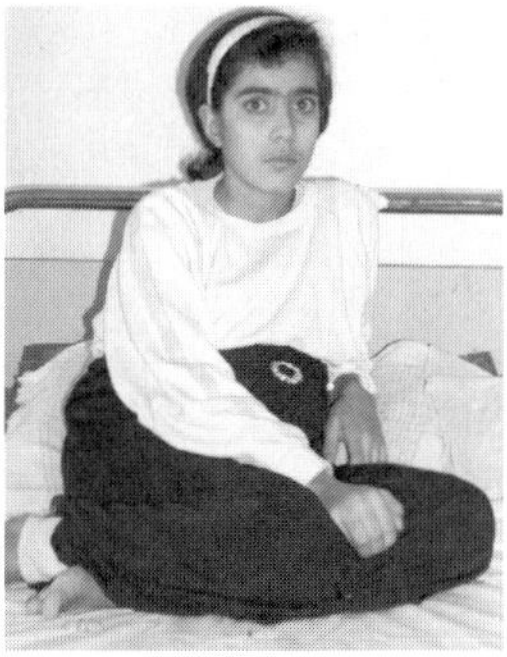

ザハラ・カールドさん　女　13歳　白血病　①
「放射能汚染で娘もやられたのに違いない。家族にとってこれ以上の悲しみはありません」（父）

が、その子どもたちを救う十分な医薬品、医療器具、そして医療設備も今はない。一九九〇年八月、イラクのクウェート占領直後に始まった、国連安保理決議に基づくイラクへの経済制裁が影を落とす。

「免疫力が落ちた白血病の子どもを、無菌の集中治療室で手当てすることも、骨髄移植することもできない。化学療法で、何とか命を永らえさせるのが精いっぱい…」。バグダッドのマンスール小児病院で、日々患者と接する女性医師のサルマ・ハ

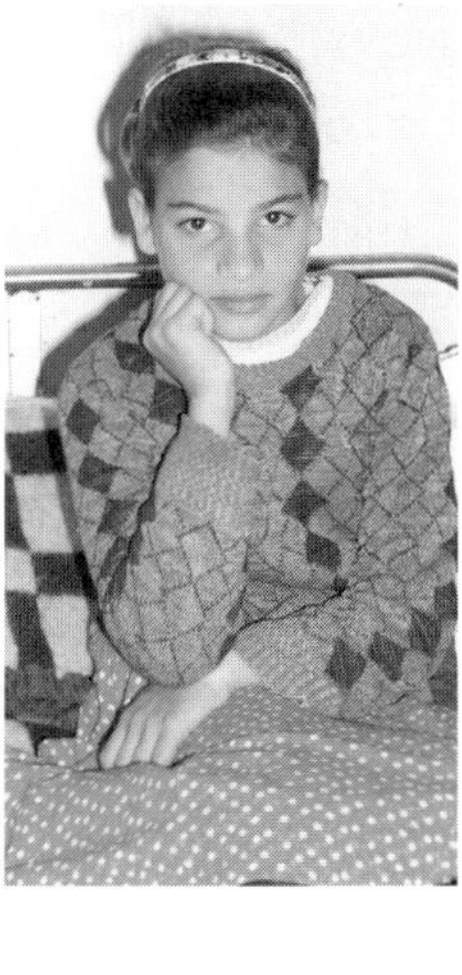

アリ・ラーフェさん　女　11歳　白血病　③
「バスラの子です。白血病の診断は99年11月。今のところ、化学療法に反応してくれているけど、予断は許しません」（担当医）

ナジュラ・ホーラちゃん　女　5歳　悪性リンパ腫　③
「戦争の時は、アメリカがたくさん爆弾を落としました。孫の病気もそのせいに違いありません」(祖母)

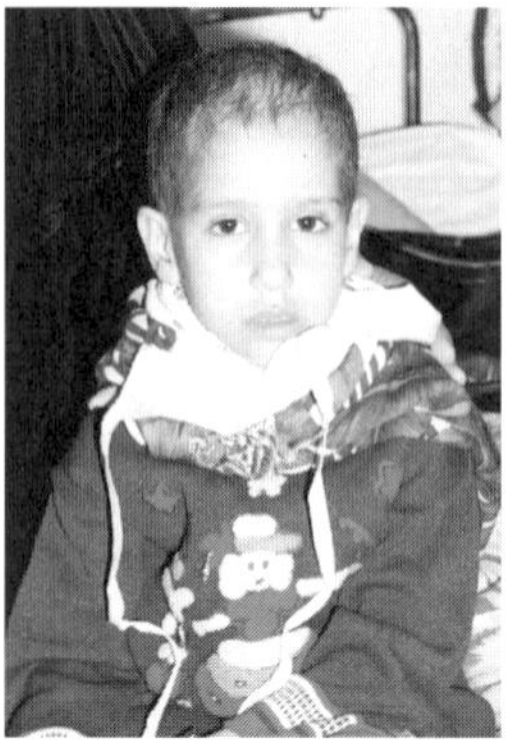

ダッドさん(四五)は、よりよい治療法がありながら、施せぬ無念に唇をかむ。

九一年の湾岸戦争前と比べ、子どもたちのがん罹《り》患数は三～四倍に増加した。特に九四年ごろから、白血病を中心に増え始め、今もその傾向は変わらない。白血病は十五歳以下の子どもたちの間で、がん発症の四割以上を占め、二番目に多いリンパ腫《しゅ》の二倍余にも達する。

田舎で暮らす子どもたちの中には、がんなどの重い病気にか

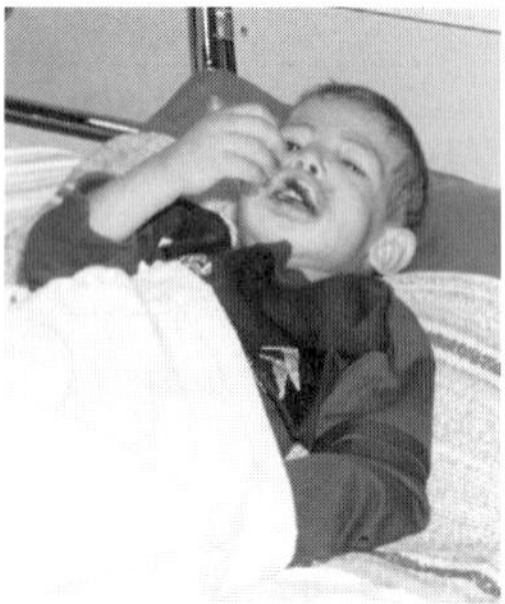

ハイダ・ファウジちゃん　男　4歳　白血病　①
「痛がって泣くのを見るのはつらいです。末期症状と言われているので、長くはないかもしれません」(母)

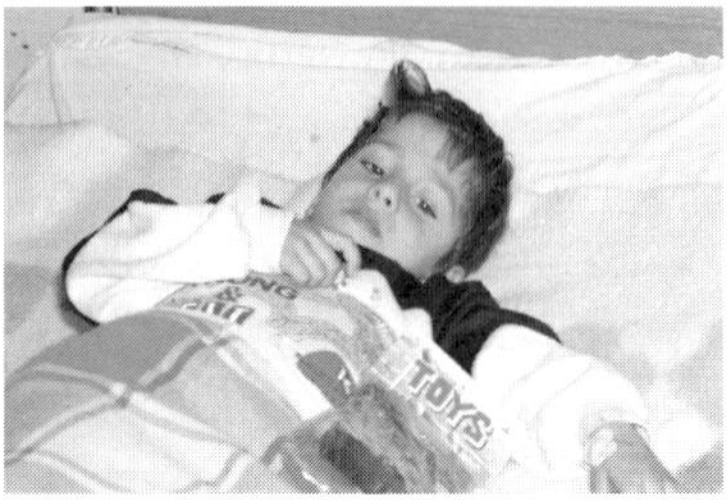

モハメッド・カリンちゃん　男　4歳　骨がん　③
「毎日のように亡くなる子どもを見るのはつらい。劣化ウラン使用地域から来たこの子も同じ運命にあるのかと思うと…」(担当医)

ハラース・ナシュアドちゃん　男　3歳
腎臓がん　②
「薬も医療器具もそろう日本なら治るんじゃないですか。頼みます…助けてください」（母）

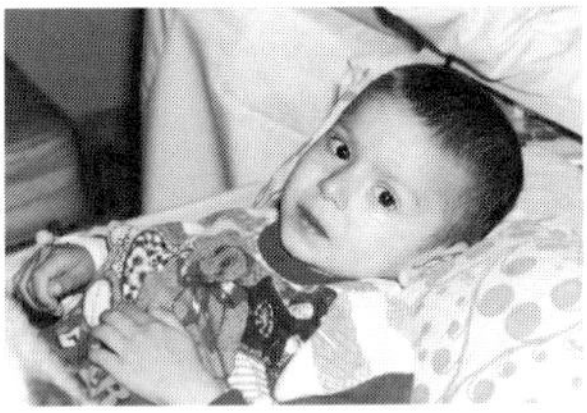

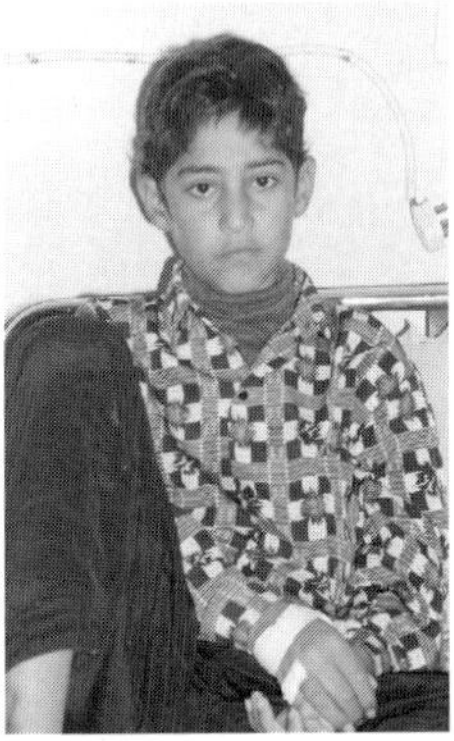

アリ・ファイサル君　男
14歳　悪性リンパ腫　③
「2年前に診断が出てから10回入退院を繰り返しています。今回は症状が進んでおり、厳しい状況です」（担当医）

かっても、親たちが大きな病院のあるバグダッドやバスラまでの交通費や滞在費が払えず、正確に診断されることもなく死亡するケースも多い。

イラクの医師たちは、大人を含めた湾岸戦争後のがん患者の増加を、主として米英両国が戦時中に使った劣化ウラン弾の影響によるとみる。

国連児童基金（ユニセフ）の調べでは、イラクの五歳以下の幼児死亡率は、減少を続けた八〇年代に比べ、湾岸戦争後の九〇年代は千人当たり百二十〜百三十人と二倍余。死亡率の高さ

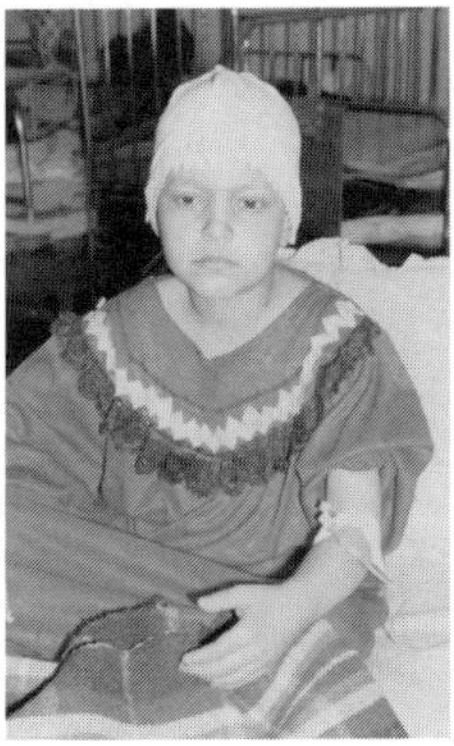

サブリーン・キャリーンさん　女　11歳　神経芽細胞腫　③
「4人目の娘です。1年前までは元気だったのに…。化学治療も効かないので、アラーに頼るしかありません」（父）

は、劣化ウランなどによる環境因子に加え、米英や日本など西側諸国を中心にしたイラクへの経済制裁の深刻な影響が背景にある。

　サダム・フセイン政権が、大量破壊兵器の製造禁止など停戦協定を守っていないとの理由で続く経済制裁。それは同時に、罪のないイラクの子どもたちの命をも確実に奪い続けている。

レイス・ハサム・アルディーンちゃん　男
1歳　白血病　①
「経済制裁がなければ薬も足りて助かるかもしれない。アメリカは制裁をやめてほしい」（父）

［関連リポート③］

悲劇のアメリーヤ・シェルター（イラク）

　重さ約五トン、厚さ約八センチの鉄扉を開き、足を踏み入れたアメリーヤ・シェルターの内部は、青空に映えるモダンな建物の外観からは想像し難いものだった。

　薄暗い中をしばらく歩くと、突然、戸外の光が差し込んでくる。建物の屋上部分にぽっかりと空いた直径一・五メートルほどの穴。光は飴《あめ》のように曲がった幾条もの鉄筋のすき間から、大きく崩れた床に降り注いでいた。

　湾岸戦争で、多国籍軍の空爆開始から約一カ月がたった

イラン・イラク戦争中の1984年、フィンランドの建設会社によって造られた広さ5,000平方メートルのアメリーヤ・シェルター。バグダッド市内にある33カ所のシェルターのうち、ここだけが攻撃に遭った。停戦後は戦争記念館として使われていた。

一九九一年二月十四日午前四時三十分ごろ。米戦闘機から相次いで発射された二発のミサイルが、厚さ二メートルの天井の壁を打ち抜き、轟《ごう》音とともに就寝中の避難民を襲った。バグダッド中心部から西へ約十五キロ。新興住宅街のお年寄りや女性、子ども、そして病人千二百人の避難場所は、一瞬のうちに炎に包まれた。

「助けようにも鉄扉が開かなかった。地下にあった熱湯用タンクが壊れ、一・五メートルの高さにまで達して犠牲になった人もいます」。十四人の生存者の一人、ウム・ガイダさん（四四）は、視察に訪れたアメリカ人一行に、感情を抑えながら説明した。

爆撃の二時間前、洗濯のために八歳だった長男を連れ、すぐ隣の自宅にたまたま戻っていて助かっ

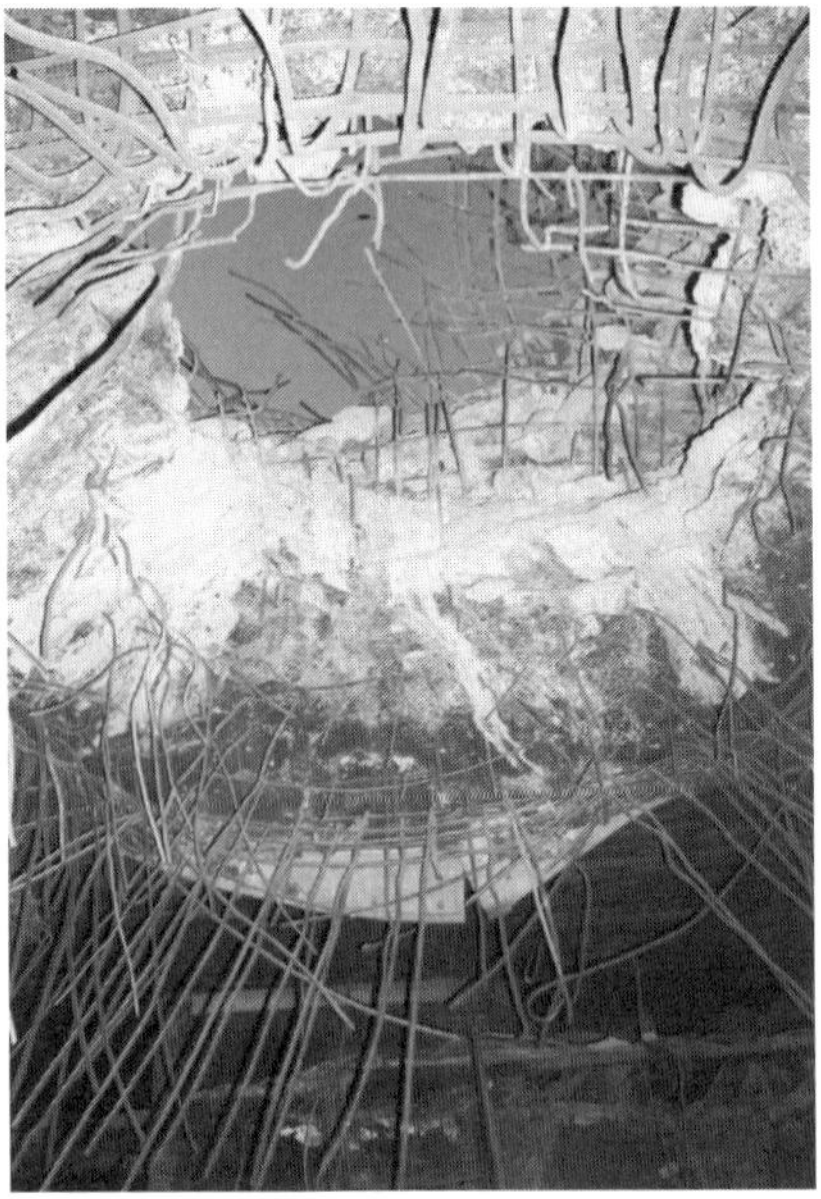

ミサイル攻撃ですっぽりと穴が開いたシェルターの天井。無数の鉄筋で強化された厚さ２メートルのコンクリートの天井も、近代兵器の威力にひとたまりもなかった。

たガイダさん。が、十三歳と六歳の娘のほか、妹の家族を含め九人の肉親を失った。

「犠牲者のそばから離れたくない」と、その後、生き証人としてガイド役を務めるようになった彼女の案内で、建物の奥へと進む。

三段ベッドがあったコンクリートの天井にくっきりと残るいくつもの手の跡。地下の壁には、髪の毛や皮膚の一部がくっついて離れない。阿鼻《あび》叫喚《きょうかん》の中で息絶えた千百八十六人の命…。

米軍は最初「攻撃したのはイラクの軍事基地」と発表した。一カ月後、「誤爆だった」と認めた。だが、視察中のアメリカ人の多くは「ピンポイント（精密照

「アメリカ軍の爆撃が何をもたらしたかをしっかり記憶してください」と、アメリカ人らに当時の惨状を語るウム・ガイダさん（左端）

焼け焦げた壁にかかる少年、少女らの遺影。命を絶たれた無念を伝える遺影のそばには、見学者が残したイラクの平和を願う英文ポスターが張られている。

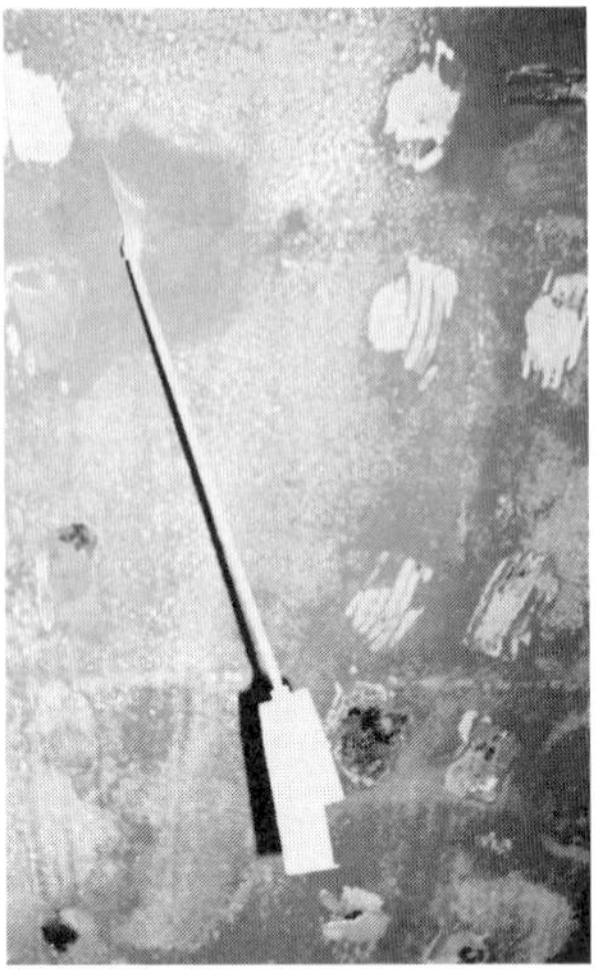

すすけたシェルターの天井に残るいくつもの手の跡形。３段ベッドの最上階にいた人たちが、コンクリートの天井を押し上げ、炎から逃れようとしたのだろうか…。

準）爆撃」を誤爆とは見なしていない。

黒くすすけた建物の壁一面に掛かる遺影。生きた証を示す一人ひとりの遺影が、「通常兵器」の持つ現代戦争の破壊の大きさと、戦争の悲惨を無言で訴えていた。

第6章

募る不安

——ユーゴスラビア・日本（沖縄）——

アメリカ軍は一九九一年の湾岸戦争、九五年のボスニア紛争に続いて、九九年のコソボ紛争でも劣化ウラン弾を実戦で使用した。九五年と九六年には、東シナ海に浮かぶ沖縄県の米軍鳥島射爆場で、実弾演習中に同兵器を発射した。それぞれの現地を訪ねると、住民たちは放射能兵器に対する健康への不安と、汚染を広げる米軍への不信を募らせていた。

一　分断の国に忍び寄る放射能（ユーゴスラビア）

一九九九年三月二十四日から七十八日間続いた北大西洋条約機構（NATO）軍によるユーゴスラビア空爆で、米空軍は対戦車用の劣化ウラン弾を使った。放射能兵器の実戦使用は空爆時から指摘されていたが、NATO

NATOが発表した劣化ウラン弾（30ミリ砲弾）の使用地域

が国連のコフィ・アナン事務総長あての手紙で「三〇ミリ砲弾、約三万一千個を使用した」と正式に認めたのは、二〇〇〇年二月のことである。分断が続く現地を歩くと、NATOが明かした地域には含まれないセルビア南部にも投下されていたことが分かった。健康や環境への影響が懸念されるが、コソボ自治州のアルバニア系住民は、多数の劣化ウラン弾が民家のそばなどに投下された、その事実さえほとんど知らないのが実情である。

セルビア南部

ユーゴスラビア第二の都市ニーシュから、ガイド兼通訳者のニコラ・ボジノビッツさん（二五）とともに、車で人口約六万五千人のブラニエ市へ向かった。マケドニアへの主要道路を南へ百十五キロ。国立の保健研究所は市中心部にあった。

「セルビア南部のこの一帯では、少なくとも三、四千個の劣化ウラン弾が投下されている」。二階会議室で、直接調査に当たった物理担当のミロスラブ・シミッチさん（三二）が、こう切り出した。コソボとの境界など危険な場所や、ジープでしか行けない難所の調査はできておらず「実数はこれよりはるかに多い可能性が高い」と指摘する。

穴だらけの平原

ビデオなどでシミッチさんら同研究所の調査活動について説明を受けた後、彼と、「安全」のために同乗してくれた陸軍大佐（五六）の案内で、劣化ウラン弾が実際に使われたレージャン村を訪ねた。

ブラニエから南西へ約二十キロ。人口数百人の農村地帯にあるこの村は、セルビアにありながらイスラム教徒のアルバニア人が平穏に暮らす、今ではほとんど見かけることができなくなった共存地区である。

　戦時下、約四万人のユーゴスラビア軍が周辺に駐留したという村の丘で車を止める。見晴らしの利く丘の向こう五キロ先は、マケドニアとの国境である。

「ほら、ここに続いている穴は、すべて劣化ウラン弾でできたものだ」。車から降り、しばらく平原を歩くと、直径十センチ余の穴がいたるところにあった。七連の機関砲を装備したA10戦闘機は、一分間に千個以上の三〇ミリ砲弾を発射する能力があるとされる。戦車などの金属に命中しなかった劣化ウラン弾は、そのまま地中一・二〜一・五メートルに埋まったのだ。

「木などで作った戦車のダミーをたくさん配備していたからね。戦車と間違えて猛攻撃を加えたのだよ。中には民家のすぐそばに落下したのもあったよ」とシミッチさん。

　この辺りの劣化ウラン弾は軍が既に取り出した。そのいくつかは、特別に遮へいした容器に収め、研究所の地

コソボ自治州やマケドニア国境に近いセルビア南部の平原で、草を食べる馬や羊。一帯に劣化ウラン弾が投下されており、食物連鎖が懸念される（レージャン村）。

下に保管されていた。

「実際にどれだけの劣化ウラン弾が戦車やトラックなどの標的に命中して煙霧状の微粒子になって大気中に飛び散ったかは、はっきりしない。大半は大地に埋まっているのは確か。でも、それらをすべて探し当てて掘り出すのは不可能だ」とシミッチさんは言う。

医師とともに調査

ニーシュに戻った後、劣化ウラン弾が使われたセルビア南部などで土壌の放射線レベルを調べたゴラン・マーニッチさん（四一）に会った。職業関連健康研究所の放射線部門のチーフである。これまでに約五百の土壌サンプルを測定したという彼は、ノートを広げて説明した。

ゴラン・マーニッチさん

「劣化ウラン弾が埋まっているすぐそばの土壌からは、最高一キログラム当たり二三万五〇〇〇ベクレルのウラン238を検出している。一秒間にこれだけの原子が崩壊しているということで、部分的にはチェルノブイリ事故で汚染された地域などの放射能汚染レベルと変わらない」

マーニッチさんによれば、劣化ウラン弾が大量に埋まったままの地域では、土壌汚染に伴う作物、家畜、地下水への影響、そして食物連鎖による人間への影響も考えなければいけないという。

「われわれは今後、医師らと協力して注意深くその影響を見守っていくつもりでいる。ニーシュや首都のベオグラードなどもミサイルなどで大きな破壊をこうむったけど、放射性物質は幸い検出されていない」とマーニッチさん。

彼が最も心配するのは、大量の劣化ウラン弾が使われたコソボ地域での影響である。だが、対立したままの現状では「われわれがコソボへ出かけて調査することはできない」と、表情を曇らせた。

コソボ自治州

セルビア地方での取材を終え、ニーシュからコソボ自治州を目指した。橋が壊れたままなので迂回《う》したり、山道の悪路に難渋しながら二時間余で「州境」に到着した。

「コソボの様子を知らせてほしい」。アルバニア系住民との分断を悲しむ通訳者のボジノビッツさんに見送られアメリカ、イギリス、ドイツ、フランス、イタリアのNATO五カ国を中心にした国際治安部隊に守られたコソボ自治州に入る。

州境からプリズレンまでは約百キロ。イギリス兵の仲介でたまたまやって来た車をチャーターし、州都のプリシュティナを経て目的地へ。プリズレンからジャコバ、ペヤへ至るコソボ南西部が、劣化ウラン弾の集中攻撃を受けた地域である。

戦時下のアルバニア系住民は、ほとんどが隣国のアルバニアやマケドニアなどに避難していた。国際治安部隊に守られるように帰還した住民たちに、劣化ウラン弾のことを聞いても、知る者はいなかった。医療支援などに駆けつけている各国の非政府組織（NGO）のメンバーに尋ねても、情報を得ている人たちはほとんどいなかった。

米国防総省や英国防省で取材した折、「コソボへ派遣している自国兵士の防護措置は取っているのか」と尋ねた。両省とも異口同音にこう答えたものである。「劣化ウラン弾や、劣化ウラン弾で破壊された戦車などには触らないよう指示している。必要なときは十分な防護措置を取るようにしている」と。

しかし、その警告は住民やNGOの関

劣化ウラン弾が埋まっていた穴を指さすニコラ・ボジノビッツさん。同じような穴は高原のいたる所にできていた（レージャン村）。

係者には届いていなかった。「劣化ウラン弾？　それは一体どんな兵器なのか。どういう影響を及ぼすのか…」。質問すると、逆にこちらが説明しなければならないことが多かった。

ベオグラード近郊にあるビンチャ核研究所など原子力研究が進み、体制の整ったセルビアの科学者たちは、空襲が続く間も放射線の測定を始めるなど素早い対応を見せた。湾岸戦争や、ボスニア紛争でセルビア軍の戦車が少量の劣化ウラン弾で攻撃を受け、その影響を調べた経験があったからである。が、コソボにはこうした体制は整っていなかった。

二〇〇頭の羊が全滅

プリズレンに拠点を置くＮＧＯの通訳者でアルバニア人のハジ・ホティさん（三七）らの案内で、ジャコバ周辺を車で巡った。

町はずれの農家を訪ねると、農作業中のアスドレン・スパヒアさん（二七）が「元気が出ない」と、アルバニア語で愚痴った。空爆が始まっても二百頭の羊を守るため、他の家族を避難させ、父親（七五）と家に残っていたという。

「セルビア兵の非道な行為からも、ＮＡＴＯの直爆からも免れた。でも、羊は全部死んでしまった。周辺に落ちた爆弾のために違いない」。スパヒアさん親子はまだ、一頭も羊を買えないでいた。

劣化ウラン弾で破壊された旧ソ連製の戦車に上がって遊ぶ近所の少年。近くには住宅が立て込んでいる（ジャコバ市）。

ジャコバ市のほぼ中心部に、ユーゴスラビア軍の軍事基地跡があった。道路を隔てて民家が立ち並ぶ基地跡には、劣化ウラン弾で破壊された戦車やトラックなどがそのまま放置され、少年たちが遊んでいた。

「いつもこの辺で遊んでいるよ。薬きょうのような物があったら危ないから知らせるように外国の兵士から言われているので、前は連絡してたくさん片づけた。触ったこともある」。少年の一人、エドモンド・デマイ君（一六）が屈託なく言った。

「戦車は放射能で汚染されているから、そこに上ると危険だよ」。ホティさんの言葉に少年たちは「どうして。ここが一番遊ぶのにおもしろいのに…」と、不服そうに戦車から降りてきた。

一度も報道なし

ホティさんによると、地元の新聞やラジオでも、劣化ウラン弾の問題を一度も取り上げたことがない、という。

ジャコバ周辺の治安を担当するイタリア軍の責任者に会いたい、と本部を訪ねると、玄関でガードする兵士たちが用件を取りつごうともせず、らちがあかない。コソボの行政を担う国連暫定行政支援団（UNMIK）の地元本部でも、「ここは担当ではない」とつれない返事である。結局、責任の所在がはっきりしないままだった。

「NATOの空爆でセルビア人を追い出せたのはうれしいけど、後に放射能汚染を残されたのでは…。国際機関か専門のNGOの手で、科学的にきちっと調べてもらわないと、われわれも安心して暮らせない」とホティさん。

劣化ウラン弾によるコソボの放射能汚染を心配するセルビア人科学者の顔が、ホティさんの憂い顔と重なった。

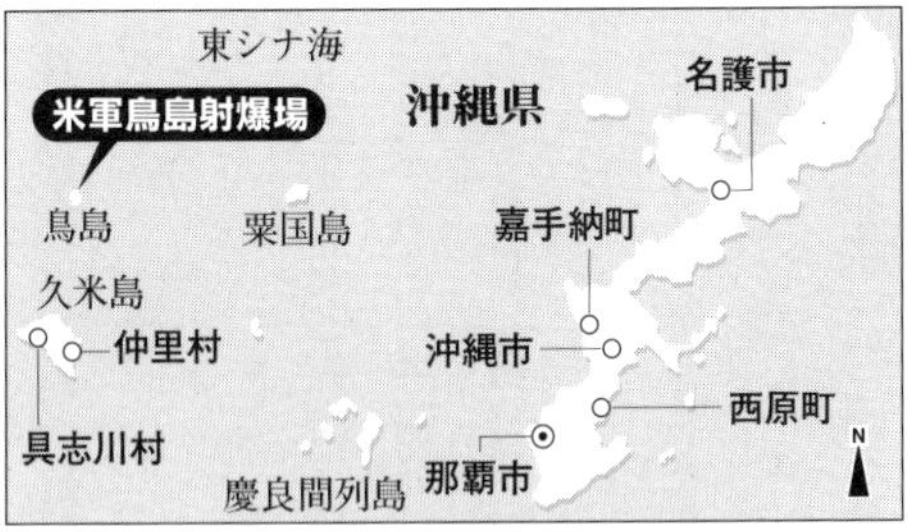

米軍鳥島射爆場の位置図

二　沖縄の劣化ウラン弾

一九九五年十二月と翌年一月、米海兵隊岩国基地所属の垂直離着陸機ハリアーが、沖縄県・鳥島射爆場で行った実弾演習で、放射能兵器である劣化ウラン弾千五百二十個を発射した。事実が明るみに出たのは一年余り後の九七年二月。沖縄県民が求めるウラン弾の回収が進まぬうちに、二〇〇〇年五月、在沖縄米空軍司令官が嘉手納弾薬庫に「劣化ウラン弾を保管している」と発表した。その数日後には、県内の米軍払い下げ品取扱業者の資材置き場で、使用済みの劣化ウラン弾の薬きょう四百七十三個が見つかった。沖縄から撤去されたはずの劣化ウラン弾がいまだ保管される一方で、民間に「鉄くず」として薬きょうが売却されるずさんな管理…。主要国首脳会議を前に訪れた沖縄では、人々が沖縄サミットを歓迎しつつも、米軍への強い不信をにじませた。

半世紀の演習の傷——鳥島

東シナ海に浮かぶ沖縄の久米島は、那覇市から西へ約百キロ。久米島からさらに北へ約二十五キロの所に米軍射爆場の鳥島はあった。面積わずか三・九ヘクタール。琉球石灰岩からなる島の南側斜面と平地部は、東端の岩場を除いて砂礫《れき》と化していた。斜面にはいくつも砲弾が転がっている。

北側に回ると大きな爆弾の投下によってできたのか、岩場に穴があき、東端部は爆撃によって黒ずんでいた。波間の向こうに見える緑に覆われた久米島とは対照的に、半世紀余にわたる爆撃演習に耐えてきた裸の島は、悲鳴が聞こえてきそうなほど痛々しい姿である。

この鳥島に向け、米海兵隊のハリアー戦闘機が二五ミリ砲弾の劣化ウラン弾を発射したのは、十二月五日と七日にそれぞれ六百個、一月二十四日に三百二十個。いずれの日

米海兵隊のハリアー機から劣化ウラン弾が発射された東シナ海に浮かぶ米軍鳥島射爆場。爆撃で黒ずんだ東端の岩場の向こうに久米島が見える（沖縄県仲里村）。

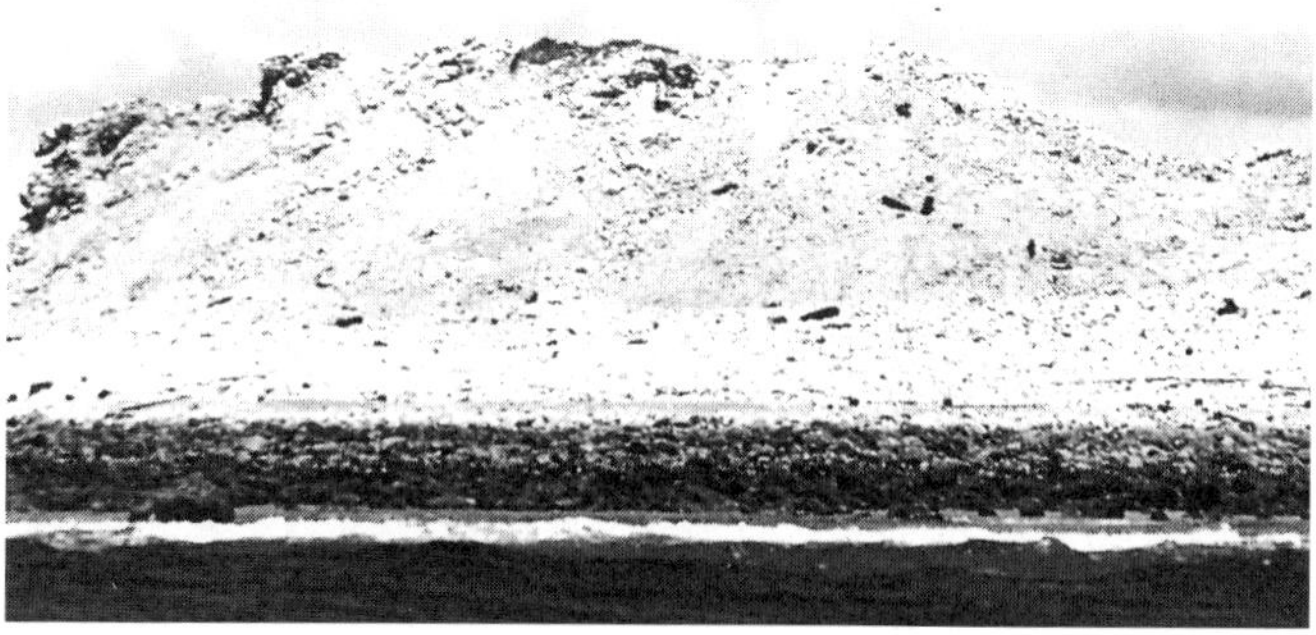

砂礫状態になった鳥島の南側斜面と平地部。大きな砲弾が転がる斜面周辺には、劣化ウラン弾の貫通体が埋まっている可能性が高い（沖縄県仲里村）。

も、各二機が演習に加わったとされる。

在日米軍は九七年四月末までに、発射した砲弾のうち、弾芯に当たる劣化ウラン貫通体（重さ百四十八グラム）を二百三十三個回収。その後も作業を続けているが、これまでに二百四十七個、全体の一六パーセントを回収したにすぎない。

科技庁「影響ない」

島の北側斜面や東端の岩場に当たった劣化ウラン弾は、衝撃で燃え上がって酸化微粒子となり、大気に放出された可能性が高い。その微粒子が、冬場の北風に乗って久米島などに降下した可能性も考えられる。南側の砂礫部分から一番多く貫通体が回収されているが、かなりの数が地中深く埋まっている、ともみられる。

一度の飛行で劣化ウラン弾をすべて発射したのか、それとも複数回なのか。それによっても大きく左右されるが、島の大きさを考えると、米軍が推定するように海中に没した数も多いかもしれない。

在日米軍は、これまでに鳥島の汚染土壌は取り除いたという。島の周囲三カイリ（五・五キロ）は立ち入り禁止区域でもあり、環境や人体への影響は一切ないとしている。科学技術庁原子力安全局も、これまでに実施した鳥島や久米島の土壌、大気、周辺の海水、魚の環境調査では「劣化ウランの影響はない」と結論づける。

波しぶきを浴びながら、鳥島を管轄する仲里村のある久米島に戻った。すると、「ウミガメ館」のこの日のオープンを祝って、島の子どもたちが同館前の広場で勇壮に太鼓を打ち鳴らし、伝統のエイサーを披露。仲里村長の高里久三さん（六四）が「豊かな久米島の自然と文化、そしてウミガメがすみやすい環境を守りましょう」と、来館を待つ家族連れらに呼びかけた。

式典後、仲里役場で会った高里さんの、劣化ウラン弾について話す口調は重かった。

米軍払い下げ取引業者が「鉄くず」として購入し、西原町の敷地内に放置していた劣化ウラン弾の薬きょうの一部。放射線量はいずれも毎時0.02～0.03マイクロクレイで、科学技術庁は「人体に影響はない」と説明している（沖縄県西原町）。

豊かな漁場も犠牲

「私たち島民は、いくら米軍や科学技術庁が安全だと言っても安心できません。五月十七日に、隣の具志川村長と一緒に、約一万人の島民の健康診断や回収作業を今後も続けてもらうよう、県を通じて国や米軍に要請したばかりです」

「それなのに、その直後には嘉手納弾薬庫に劣化ウラン弾を保管しているとか、鳥島で使われたのと同じ劣化ウラン弾の薬きょうが見つかったりしている。信用しろと言われてもできないですよ…」

鳥島海域はマグロ、カツオ、ソデイカなどの好漁場として知られる。

同席した久米島漁業協同組合（三百三十一人）の棚原哲也さん（四八）によると、演習のない週

「久米島ウミガメ館」のオープンを祝って、同館前の広場でエイサーを披露する島の子どもたち。すぐそばには、美しいサンゴの海が広がる（沖縄県仲里村）。

末には那覇辺りから鳥島近くへ遊漁船がかなり繰り出しているという。しかし組合員には、禁止海域でなくても久米島の北側で、なるべく漁をしないよう通達を出している。

「演習ルートなどにいたら何が降ってくるか分からない。安全のためには、いくらいい漁場でも犠牲にするしかない」。棚原さんは日焼け顔に悔しさをにじませた。

不安への回答なし

久米島の人々の願いは、劣化ウラン弾をはじめ不発弾を取り除き、きれいな鳥島を返還してもらうことだ。「美しい自然を生かした観光と農業と漁業。産業の面からも、島民の健康の面からも射爆場があっていいことはありません」。後に会った具志川村長の内間清六さん（五九）も、こう強調した。

米軍から流れ六、七年もの間、多数の劣化ウラン弾（二五ミリ砲弾）の薬きょうが放置されていた沖縄本島中部の西原町。劣化ウラン弾（三〇ミリ砲弾）が今も保管されている嘉手納弾薬庫のある嘉手納町や沖縄市。そして米軍や国との窓口役の県も、行政担当者は一様に驚きや不信、健康への不安など危機感をもって事態を受け止める。住民も思いは同じである。

そして在沖縄米軍に対し「どこで、いつ使われた劣化ウラン弾の薬きょうなのか」「なぜ危険な薬きょうが民間に流出したのか」「海兵隊は日本から劣化ウラン弾をすべて撤去したとしながら、なぜ沖縄に今も劣化ウラン弾が保管されているのか」と究明を迫る。

だが、在沖縄米軍からも、在日米軍からもいまだに回答はない。

終　章

取材を終えて

放射能兵器である劣化ウラン弾の影響を知るためアメリカ、イギリス、イラク、ユーゴスラビア、日本（沖縄）の五カ国で実態を取材した。初めて実戦で使われた湾岸戦争だけでなく、アメリカの生産現場や試射場でも健康被害や環境汚染は深刻だった。だが、劣化ウラン弾は今なお有効な「通常兵器」として拡散し、コソボ紛争の時のように将来も使われる可能性は高い。全体の締めくくりに、あらためて健康被害や環境破壊について見つめ直し、国際的な劣化ウラン弾の製造・使用禁止運動の高まりや被爆地の役割について考える。

一　広がる健康被害

若くしてさまざまな疾病に苦しむ米英両国やイラクの湾岸戦争退役兵。白血病などに侵され希望のない闘病の日々を過ごすイラク南部の子どもたち。がんなどの病気の増加に不安を抱く劣化ウラン弾の製造現場や試射場周辺の住民…。

痛ましい子の疾病

各地で会った被曝者らの顔が浮かぶ。とりわけ、がんなどに見舞われた罪のないイラクの子どもたちの姿は、医療設備や必要な薬がそろっていないだけに一層痛ましい。

「私たちは、がん病棟のことを『死の病棟』と呼んでいます」―バグダッドのサダム中央教育病院のチーフ研修医（二九）の言葉が、患者を救済できぬ現実を如実に物語っていた。戦場に近いバスラの小児・産科病院の女性医師（三二）は「いくら現状を外国の記者に話しても、経済制裁はなくならない。子どもたちを救えぬ事実も変わらない」と、いらだちを隠さなかった。

湾岸戦争で劣化ウラン弾を使用したアメリカの国防総省とイギリスの国防省は、自軍兵士たちの被曝の事実は認めながら「健康に影響を与えるほどのものではない」と、その影響を否定し続けている。

既に死亡した者を含め、膨大な数の両国の退役軍人たちの疾病の原因を、劣化ウラン弾のみに帰するのは難しいだろう。というのも、十分なテストもなしに取らされた抗化学兵器剤の臭化ピリドスチグミン（ＰＢ）など、他の要因も加わっているからだ。

しかし、その事実は劣化ウラン弾の危険を排除することにはならない。酸化ウラン微粒子を体内に取り込んだことによる内部被曝や、重金属物質としての化学的毒性による影響を重視する見方は、時の経過とともに強まっている。

白血病で入院し、母親に見守られながら闘病生活を送る８歳のイラクの少年（バスラ市）

家族にも危険及ぶ

九年後になっても尿から検出される劣化ウラン……。その影響は、性交渉を通じて妻に、そして流産や先天性異常という形で新しい生命にまで及んでいる。危険性さえ知らせておれば、家族に累を及ぼすことだけは防ぎ得たはずだ。

湾岸戦争では、米英の多国籍軍兵士のほかにもカナダ、フランス、旧チェコスロバキアなどの退役軍人の間にも健康被害が広がっている。

「カナダ兵二〇〇〇人に障害」

カナダ人で一九九九年四月、四十五歳で夫のテリーさんを亡くした妻のスーザン・ライアドンさん（四五）＝ノバスコシア州ヤーマス市＝は「湾岸戦争参加のカナダ兵約四千五百人のうち、二千人以上が健康障害にかかっている」と、電話で訴えた。

帰還直後から体に異変を覚え、最後は全身の痛みに襲われたテリーさん。尿から大量の劣化ウランが検出されていた彼は「自分の死が劣化ウランによるものとの証明になるなら」と、遺書であらゆる臓器や骨などの組織検査を、アメリカの独立の研究機関に依頼した。

「肺や甲状腺、骨などから研究者も驚くほど検出されたわ」と言うスーザンさんは、夫の死が劣化ウランによってもたらされたと確信する。

医療現場でのエックス線照射など低レベル放射線の人体への疫学的調査を長年続けるカナダ・トロント市の「公衆衛生に関する国際研究所」所長ロザリー・バーテルさん（七一）は「湾岸戦争から九

年がたち、今後がんの増加など退役兵らの疾病は一層深刻になるだろう」と厳しい見方をしている。

二　崩れる環境

一九九一年の湾岸戦争で戦場となったクウェート国境に近いイラク南部。そして九九年のコソボ紛争で、劣化ウラン弾が使われたユーゴスラビアのセルビア南部やコソボ自治州――。

これらの地域を取材しながら、幾度となく同じ思いにとらわれた。「投下国のアメリカで同じ状況が起きていたら、市民はどのような反応を示すのか」と。

大小合わせ九五万個

湾岸戦争で米英両軍は、二五ミリから一二〇ミリ砲弾まで大小合わせて約九十五万個の劣化ウラン弾（約三百二十トン）をクウェートとイラク南部で使用した。イラクの科学者らが九六年から始めた土壌や大気の調査では、劣化ウラン弾で破壊された戦車のすぐそばや周辺から、比較的高い放射能が今も検出されている。

クウェートにも劣化ウラン

「不発弾として地中に埋まったままの劣化ウラン弾のそばの土壌だと、放射能レベルはもっと高くなる」。バグダッド大学助教授の女性環境学者（四七）は、こう強調した。同じ状況は、ユーゴスラビアの科学者らの調査でも証明されている。

不発弾がどれだけ埋まっているのか。イラクでもユーゴスラビアでも、検討がつかないのが現実だ。劣化ウラン（U238）の半減期は四十五億年。微量とはいえ、大地にばらまかれたU238は永遠に放射線を放出し続ける。

米ニューヨーク州の州都アルバニー郊外にあった劣化ウラン弾の貫通体製造工場は、一カ月の劣化ウラン放出値が州基準の一五〇マイクロキュリー（劣化ウラン量にして三百八十七グラム）を超えたとして閉鎖された。

四国とほぼ同じ面積のクウェート。ここでの劣化ウランによる放射能汚染は、イラク南部と同じか、あるいはそれ以上に深刻との見方は強い。九一年七月に起きたドーハでの米弾薬庫の火災では、大量の劣化ウラン弾が燃え、環境汚染を引き起こしたとされる。だが、アメリカ政府も当のクウェート政府も「環境には影響ない」と、発表している。

サウジアラビアでは、湾岸戦争直前に米英軍の劣化ウラン弾の実射試験場があった。ここでの汚染も懸念されている。

劣化ウランは、核兵器や原子力発電用の濃縮ウランを生産する際に大量に生まれる放射性廃棄物である。低レベルとはいえ、各国とも厳しい取り扱い基準を設けている。

例えば、アメリカでは原子力規制委員会（NRC）の許可なしに劣化ウランを扱うことはできない。弾芯である貫通体をつくる工場労働者らは、防護マスクの着用や被曝線量を知るためのフィルムバッジを、常に身に付けることが義務づけられる。

ずさんな現場管理

しかし、生産第一主義の現場でのずさんな管理やNRCの甘い監視体制が、こうした工場での深刻な環境汚染を引き起こし、労働者、周辺住民の健康被害を生

劣化ウラン弾で破壊され、放置された戦車。周辺の畑の放射能汚染が懸念される（イラク南部サフアン市郊外）。

み出した。

マサチューセッツ州コンコードの製造工場では、敷地内に長年U238のスラッジ（汚泥状の廃物）や汚染水を投棄し続けた。このため周りの土壌や地下水が放射能で汚染され、工場敷地外への広がりを防ぐ除染作業が急務だ。

しかも、劣化ウランは水銀やカドミウムなどと同じ毒性の強い重金属物質である。放射能ばかりでなく、重金属による複合汚染を引き起こす。

アメリカ国内の陸・海・空軍の劣化ウラン弾の試射場の汚染も深刻である。

世界の放射能汚染地帯の実態をまとめた『核で失われた不毛の大地』の著者の一人で、米ワシントンDC郊外にある「エネルギー環境調査研究所」所長のアージャン・マキジャニーさん（五五）はこう警告する。

「これまでの核兵器開発や核実験、チェルノブイリのような原発事故によって、アメリカや旧ソ連をはじめ放射能汚染地帯は地球上に広がっている。厳重な管理を必要とする放射性廃棄物を武器に使い、それが有効だからと他の国へまき散らすような行為は、断じて許せない」

三　法律の視点

「劣化ウラン弾は核兵器のような大量破壊兵器ではなく通常兵器。使用は国際法違反ではない」

最低一七カ国が保有

放射能兵器である劣化ウラン弾の人体や環境への影響を認めず、対戦車砲弾としての「威力」を喧《けん》伝する米英両国。生産国のロシア、フランスとともに「通常兵器」として兵器輸出を図る。

その結果、今ではイスラエル、サウジアラビア、パキスタン、タイ、台湾など少なくとも十七カ国が劣化ウラン弾を保有する。このままでは、世界の国々が劣化ウラン弾を購入し、紛争・戦争の際に使用する可能性は高まるばかりだ。

米英の国防関係者らが強調するように、劣化ウラン弾そのものを禁止する国際条約は存在しない。しかし、国際的な人道法の立場から「劣化ウラン弾は明らかに違法兵器」と指摘する専門家は少なくない。

「武力紛争と人権」を専門に、民間人としてジュネーブの国連人権委員会に長年かかわってきたアメリカ人弁護士のカレン・パーカーさん（五五）＝サンフランシスコ市＝も、その一人である。

「兵器を禁止するには二つの道があります。一つは特定兵器禁止のための国際条約の成立。もう一つは、定着した人道法を犯して兵器は使えないとの立場から禁止を求めることです」。パーカーさんはこう説明した上で、劣化ウラン弾が人道法に違反する理由を四点挙げた。
一　劣化ウラン弾を使用すると微粒子が生まれ、戦場だけでなく周辺地域、さらには非参戦国にまで飛散し危害を与える（兵器使用の影響は戦場のみに限定され、地理的にその範囲を超えてはならない）。
二　劣化ウランによる健康被害は、戦争終結後も何年も続き、先天性障害など次世代にまで影響する（人体への影響は戦争中のみで、後々まで続くものであってはならない）。
三　イラク南部のように多くの民間人、特に罪のない子どもたちが白血病などの疾病に苦しみ、放射線や化学的毒性作用で次世代にも悪影響を及ぼしている（不必要なまでに非人道的であってはならない）。
四　劣化ウラン弾の使用は大地や大気、水を広範囲に汚染し、植物などの生態系に悪影響を与えている（長期、広範囲に環境汚染を引き起こしてはならない）。

決議反対は米国だけ

「戦争におけるこうした人道主義の一般原則は、一八九九年と一九〇七年のハーグ条約や、二五年と四九年のジュネーブ協定、四五年のニュルンベルク憲章などの国際法で定着している。九六年に国際司法裁判所が出した『核兵器による威嚇や使用は国際法、とりわけ人道法の諸原則に一般的に反する』との勧告的意見も、モラルに縛りをかけるという点で意義が大きい」とパーカーさんは言う。

アメリカを中心にした国際非政府組織（ＮＧＯ）の「核政策に関する法律家委員会（ＬＣＮＰ）」、「人権ウォッチ（ＨＲＷ）」なども、同じ立場から取り組みを強めている。

パーカーさんらは九六年、ジュネーブの国連人権委員会に劣化ウラン弾をはじめ、核兵器、化学・生物兵器、クラスター爆弾などの使用禁止決議をするよう働きかけた。その決議は同年八月、差別防止小委員会で賛成十五、反対一、棄権八で採択された。小委員会は人権委員会に決議を送り、人権委

「国際社会が定めた人道法を生かせば、もっと平和な世界が実現できる」と話すカレン・パーカーさん
（サンフランシスコ市）

員会は委員会決議を国連総会に送付できる。

「決議に反対したのはアメリカの委員だけ。特に劣化ウラン弾を含めることにね」と、パーカーさんは自国政府の姿勢を批判する。二〇〇〇年春にもこの問題が人権委員会で取り上げられた。劣化ウラン弾への認識が高まるにつれ、各国の関心も強まっているという。

重み増す国際世論

パーカーさんは「特定の法律ができないと兵器を禁止できないと思うのはやめよう」と、世界の人々に呼びかける。「戦争に伴う人道法のほかにも国連憲章、国際人権規約など、その内容を敷延《ふえん》すれば兵器を禁止できる国際法はいくつもある。もっと多くの人たちがそのことを知らないと…」
核兵器の使用禁止や廃絶運動と同じように、劣化ウラン弾のそれも、国際世論の力量にかかっている。

四　禁止運動

放射能兵器の劣化ウラン弾が世界の国々に拡散する一方で、ウラン弾の製造・使用禁止を求める国際的な市民運動が高まりを見せている。

禁止運動は一九八〇年代の後半、人体や環境への影響を恐れるアメリカの劣化ウラン弾製造工場や試射場周辺の住民らから始まった。それはやがて、湾岸戦争で深刻な疾病に苦しむ米英両国の退役軍人や家族らの訴えともつながっていく。

さらにインターネットや集会などを通じて、環境問題や反核運動に取り組む欧米の非政府組織、科学者、法律家らへと運動の輪は広がった。

「核軍縮」とも連携

英国マンチェスター市にある「劣化ウラン弾反対キャンペーン（CADU）」は、九九年一月に生まれた。代表を務めるレイ・ストリートさん（六二）は、核兵器禁止運動で長年の歴史を誇る「核軍縮キャンペーン（CND）」の全英副議長も兼務する。

「CNDでは、東西冷戦終結後の核軍縮をどう進めるか。特に第一撃攻撃を認める北大西洋条約機構（NATO）軍の核政策の変更を迫る運動などに取り組んでいるわ。でも、劣化ウラン弾のことはほとんど問題にならなかった」

転機が訪れたのは九八年十月。マンチェスターであった「劣化ウラン弾とイラク」についての集会

パソコンを使い、スタッフと一緒に「劣化ウラン弾反対キャンペーン」の次号を準備するレイ・ストリートさん（左）（マンチェスター市）

へ、彼女自身が出かけ、その時初めて尿から劣化ウランが検出され、関節痛などで歩くのも困難になった自国の退役軍人の証言を聞いた。イラク南部で兵士や市民、特に子どもたちにがんや先天性障害・死産児が増えている実態についても知った。

国際会議開く

「放射能兵器であることが何よりショックだった。核兵器廃絶運動も大切だけど、この問題も看過できない」。ストリートさんは、一緒に活動する仲間と相談。全英組織のＣＮＤの了解も取り、マンチェスター支部だけは、ＣＮＤの事務所を使いながら、劣化ウラン弾に焦点を絞ったＣＡＤＵの別組織を立ち上げた。

年四回発行の機関紙（八ページ）やホームページでは、国内の退役軍人や国の対応、アメリカやカナダ、イラク、ユーゴスラビアなど劣化ウランに関連する世界の動きを掲載している。

「二〇〇〇年の十一月には二日間の日程で、『劣化ウラン弾に反対する国際会議』をこの町で開くの。各国の退役軍人、製造現場や試射場の住民、イラクやユーゴスラビア（セルビア）の関係者、物理学者や医師、議員らが集まり、さまざまな角度から討議を加え、劣化ウラン弾禁止の機運を高めたい」

ストリートさんらメンバーは、最低でも二百人は集めたいと準備に余念がない。会議の主催者には、二十年前にイギリスで最初の「非核自治体宣言」をしたマンチェスター市も名を連ねる。

カリブ海に浮かぶアメリカの信託統治領プエルトリコのビエケス島には、アメリカ海軍の射爆場がある。劣化ウラン弾を含め、第二次世界大戦中からの実弾演習で島が汚染され、九千三百人の島民の多くが健康障害を抱える。島では一年余り前から、劣化ウラン弾の使用に反対するだけでなく、演習禁止を求めて激しい抗議行動が続く。

東京では九九年、イラクへの救援活動を続ける少数の市民が「劣化ウラン研究会」をつくり、兵器の実態普及に努めている。

市議会が禁止決議

劣化ウラン弾の実態が知られるにつれ、自治体や政府レベルでも動きが出てきた。米国カリフォルニア州デービス市議会では二〇〇〇年三月、劣化ウラン弾使用禁止を決議し、クリントン大統領（当時）に決議文を送付した。そしてインターネットを通じて「他の自治体も続くように」とアピールしている。

フィンランドの環境大臣は同年五月、欧州連合内の各国の環境相あてに「劣化ウラン弾の使用禁止」を呼びかける手紙を送った。ドイツ与党を形成する緑の党の議員の間でも、政府が劣化ウラン弾の国際的禁止を求めるように要請を始めた。

ストリートさんは「この一年間で、欧米を中心に随分と関心が高まってきた。今後はそれぞれの国で、もっと議員らに実態を伝えて政治を動かしていくことが大切」と訴える。

五　被爆地の役割

「劣化ウラン弾という兵器を知ってる？」

一九九九年十一月、劣化ウラン弾についての本格的な取材にかかる前に、知人の被爆者や広島在住のアメリカ人らに尋ねてみた。残念ながら、ほとんどの人は言葉さえ知らなかった。「沖縄で使われたので、名前だけは聞いたことがある」と言う人も、実態となると知らないに等しかった。

取材通じ、影響学ぶ

私自身、過去十数年にわたり広島・長崎以後の世界の放射線被害者や核状況などについて継続的に取材しながら、劣化ウラン弾への関心は今ひとつ薄かった。一連の取材を通じて、劣化ウラン弾が人体や環境にもたらす影響について学び、それがいかに非人道的な兵器であるかを知った。

私たちは被爆の実相を世界に伝え、核兵器廃絶を訴える中で、核実験や核兵器工場、原発事故などで世界各地に膨大な数のヒバクシャが存在することを知っている。そして今、新たにアメリカやイギリス、イラク、ユーゴスラビアなど多くの国々に、劣化ウラン弾という放射能兵器による「知られざるヒバクシャ」がいることに気づいた。

チェルノブイリの被災地域や、旧ソ連の核実験場があったカザフスタンのセミパラチンスクなどへは、広島の市民や被爆者治療にかかわる専門医らが訪ね、医療支援などを通じて交流を深めている。

制裁解除を求める

　こうした輪を経済制裁との二重苦にあえぐイラクのヒバクシャや医療関係者らに広げていくことはできないだろうか。

　バグダッドで取材中、一九六〇年代の米公民権運動で重要な役割を果たした元司法長官のラムディ・クラークさん（七二）ら約五十人のアメリカ人らに会った。ニューヨーク市に拠点を置く市民団体「国際行動センター（ＩＡＣ）」が集めた四百万ドル（約四億二千八百万円）分の医薬品を届けにきたのだ。

　「大切なのは人道に基づいての支援である。イラクの窮状に対し一番責任を負うアメリカ人をはじめ、世界の多くの人々がこの国の実態を知って周りの人たちに伝え、経済制裁を終わらせることが重要なんだ」とクラークさんは語気を強めた。

イラクの保健省へ医薬品を届けるラムディ・クラークさん。「通常兵器であれ、戦争は最大の環境破壊だ」（バグダッド市）。

アメリカ政府などによってつくられた「ならず者国家」像としてのイフク国民。彼らとの直接的なつながりが、相手への誤ったイメージを取り除き、イラク人もまた自分たちへの見方を変えるという。

県や市とも協力を

「広島市民をはじめ日本人なら、被爆体験に基づいてイラク人に核戦争の恐怖や、平和のメッセージをわれわれ以上に伝えることができる。その役割を積極的に担ってほしい」と、クラークさんは被爆地や被爆国の日本人に期待を寄せた。

私たちにはＩＡＣのように何億という資金を集め、医薬品や医療器具を購入するだけの力量はないかもしれない。しかし、市民が力を合わせ、広島市や県などとも協力できれば、例えば、がん治療に当たるイラク人の医師一～二人なら広島に招き、被爆者医療機関で研修を受ける機会を提供できるかもしれない。

イラクへの経済制裁を日本政府に解除するよう要請し、政府からアメリカ政府に同じ措置を取るように求めることはできるだろう。米英の退役軍人らがかけがえのない健康を犠牲にして学び、そして今は劣化ウラン弾の製造・使用禁止を求める彼らや世界の市民の運動に連帯することも重要である。

九七年十二月、「非人道兵器である」として、対人地雷全面禁止条約が結ばれた。当時外相だった故小渕恵三元首相は積極的に支援し、カナダ・オタワで自ら条約に調印した。

非人道兵器という点では、劣化ウラン弾も変わらない。しかも、それは核分裂や核融合を伴わないものの、原爆や水爆と同じ放射性物質を利用した放射能兵器である。

核兵器廃絶と同じように、劣化ウラン弾の使用禁止、廃絶に向け、被爆国の政府も国民も、積極的に発言し、行動する責務を負っている。そのイニシアチブを被爆地から発揮したい。

□　あとがき　□

広島への原爆投下で、約三百五十人の従業員のうち百十三人を失い、壊滅的打撃を受けて発行不能に陥った中国新聞社は、戦後「世界平和の確立」を社是に掲げて再スタートした。社是には人類が手にした究極の大量破壊兵器がもたらす惨禍を身をもって体験した教訓ばかりでなく、当時の日本政府や軍部の報道統制下で戦争に協力したことへの深い反省も込められている。

私たちは核兵器について語るとき、核を「威力」としてよりも「悲惨」として捉える。核の威力や、核抑止力としての効果を喧伝《けんでん》する人たちの中には、人間一人ひとりの「命の尊厳」「環境保護」などといったことへの想像力がすっぽり抜け落ちていることが多い。爆風、熱線、そして長く続く放射線の影響…。私たちは人類初の核戦争被害を体験した者として、被爆者らとともに今日まで一貫して核兵器廃絶を訴え、世界の世論喚起に努めてきた。

幸い第二次世界大戦後五十七年余、核戦争は起きていない。しかし、この間に核兵器工場の労働者や周辺住民、大気圏核実験に参加した被曝兵士や核実験場の風下地区住民、ウラン鉱山労働者ら核超大国を中心に膨大な数のヒバクシャを生み、人の住めない放射能汚染地帯をつくり出した。一九八六年の炉心溶融事故から十七年近くを経てなお人々や生態系に深刻な影響を及ぼしているチェルノブイリ原発など、いわゆる「平和利用」から生まれた核時代の「負の遺産」もある。

過去二十年近く、私はヒロシマのジャーナリストとしてこうしたヒバクシャ問題をはじめ、核・平和・軍縮問題などを主としてフォローしてきた。にもかかわらず、放射能兵器としての劣化ウラン弾への関心は五、六年前までは薄かった。他のテーマでアメリカを取材中に湾岸戦争退役軍人らの深刻な健康問題について知るようになり、それが今回の取材のきっかけとなった。

アメリカ、イギリス、イラク、ユーゴスラビアのコソボ、セルビア両地域、日本の沖縄を訪ねてのリポートは、読んでいただいての通りである。核兵器や原発に利用される核分裂性物質のウラン235を分離する際に生まれる大量の放射性廃棄物（ウラン238）を利用した劣化ウラン弾は、核分裂や核融合を伴う原爆や水爆とは確かに違う。しかし、戦争終結後も人体や環境に長く影響を及ぼす点においては類似しており、明らかに非人道兵器である。

米英の湾岸戦争退役兵らの多くが抱える疾病、いわゆる「湾岸戦争症候群」の原因には、劣化ウランだけでなく、軍の命令で兵士が強制的に服用しなければならなかった抗化学兵器剤の臭化ピリドスチグミン（PB）、油田火災による煙害など多くの要因が挙げられている。むろん、どれ一つを取っても人体に悪影響を及ぼさなかったとは言えない。

だが、米国防総省や英国防省は、劣化ウランの微粒子を体内に取り込むことの危険は認めても、「健康に悪影響を及ぼすほど吸入はしていない」とはねつける。他の要因についても「はっきりしない」として、結局それは「ミステリーだ」（英国防省）とまで言ってはばからない。

劣化ウランの影響を認めない背景には、今後、放射性廃棄物の「有効利用」ができなくなったり、自軍兵士への補償や汚染地域の除染などに膨大な費用がかかるという事情がある。米英両国の多くの湾岸退役兵らは、かけがえのない健康を犠牲にして初めて「国のために尽くしながら、結局、自分たちは消耗品にすぎなかったのか…」と悔しさを込めて語ったものである。


私は今回の取材対象に、アメリカの劣化ウラン弾製造現場や試射場などを加えた。工場労働者や試射場作業員、それらの周辺住民に見られる健康障害は、劣化ウランの影響とより直結しているからだ。臭化ピリドスチグミンなどの影響とは無縁である。しかも彼らの症状が湾岸退役兵らの症状と類似していることに、賢明な読者はお気づきだろう。

戦場となったイラク南部の健康被害は、想像以上に深刻である。劣化ウラン弾などによる影響だけでなく、経済制裁に伴う医薬品や医療機器の不足、劣悪な衛生状態や栄養不良が事態悪化に拍車をかけているからだ。

だが、世界の人々の関心はアメリカ政府によって「ならず者国家」のレッテルを張られたイラクの国民へ向けられてこなかった。平和維持部隊としてコソボやバルカンへ派遣されたイタリア、ベルギーなどヨーロッパ各国の帰還兵に白血病などが多発したため、湾岸戦争から十年を経た二〇〇一年に入って欧州各地で大きな関心を呼び始めた。「世界は『敵国』としてイラクの現実に目をつむってきた。しかし今、同じヨーロッパの中庭で起きている現実を、チェルノブイリ原発事故の恐怖を体験したヨーロッパの人々は看過できなくなった」。イギリスのある医化学者は、こう表現した。


ブッシュ政権は二〇〇一年九月の米同時中枢テロ後、イラクを「テロ支援国家」「悪の枢軸国」として、以前にも増して厳しく非難。武力によるフセイン独裁政権の打倒を公然と口にしてきた。今やイラクの大量破壊兵器の開発・保有を理由に、第二のイラク戦争がいつ始まっても不思議ではない状況にある。

しかし一方で、アメリカ政府のイラク攻撃計画に反対する草の根市民の国際世論も強まってきた。アメリカ国内はもとより、イギリス、イタリア、ドイツなどヨーロッパ各地で数万から数十万規模の反戦デモが二〇〇二年秋と〇三年一月に展開された。日本ではなお規模は小さいものの、各地で戦争反対の動きが生まれつつある。

アメリカのイラク攻撃に反対する人々は、フセイン政権を支持するからではない。アメリカの石油の利権確保や一方的なイスラエル擁護のために、国際法を無視し圧倒的な軍事力でもって武力攻撃を仕掛ける理不尽な米政府のやり方に「ノー」を突きつけているのである。そして戦争がもたらす悲惨な結果を、湾岸戦争後のイラク国民、とりわけ子どもたちの健康被害に見てとっているのだ。彼らを通して、多くの人々が劣化ウラン弾という耳慣れない言葉をも知るようになってきた。イラク戦争に対する阻止行動と、劣化ウラン弾の製造・使用禁止を求める動きは、分かち難く結びついているのである。

二〇〇二年十二月初め、東京と広島の市民団体の招きで、二人のイラク人医師が被爆地広島を訪れた。その一人、バスラ市のサダム教育病院腫瘍学センター長のジャワッド・アル・アリ氏は、本書の第5章で取り上げた。アリ医師らは原爆資料館を熱心に見学し、被爆者の証言も聞いた。アリ氏は再会した私に「核兵器の破壊力は、想像していた以上だ。広島の被爆者の姿と劣化ウラン弾で犠牲になった私の患者とがいつしか重なっていった」と、資料館見学の印象を口にした。

バスラ市内の病院で死亡したがん患者は、二〇〇一年の統計で六百三人。私が取材した時点のデータ（一九九九年）より約百人も増えていた。アリ氏の教え子で、同じイラク編で取り上げた女性医師のナディア・ユシフさんも、乳がんが肺などに転移して二〇〇〇年末に亡くなったという。「必要な医薬品さえそろっておれば、ナディアは助かったかもしれない。でも、今はがん患者を治療するための薬品が底をついているばかりではない。がん患者の痛みを軽減するモルヒネすら入手できない。苦痛で叫び声を上げる患者と一緒に私も心で叫んでいる。『なぜ、薬が入手できないんだ』と…」。アリ氏は眉間に深いしわを刻みながら、重い口調で語った。

広島市民や日本人に訴えたいことは？　こう尋ねるとアリ氏は「広島市民との対話集会を通じて、市民の反核平和への熱い思いが伝わってきた。その熱意が広がり、日本の市民や政府の圧力で、アメリカがもくろむ戦争をストップさせてほしい」と訴えた。

残念ながら日本政府は、対テロ戦争への協力を名目に、最新鋭護衛艦のイージス艦をインド洋に派遣するなど、ブッシュ政権が進める戦争に積極的に協力している。それどころか、アメリカ軍によるイラク攻撃を想定し、フセイン政権後のイラク復興支援をどうするかを検討しているのが実情である。そこには、十年以上たってなお続く劣化ウラン弾によるイラク国民への影響や、米英など多国籍軍の湾岸戦争退役軍人らの健康被害など目に入らない。人類史における広島、長崎の被爆体験の意義を体現し、平和憲法の精神を生かそうとするひとかけらの努力も見えない。

私たちは、テロ行為とそれに対する報復戦争という「憎しみの連鎖」を断ち切らなければならない。そして欧米を中心に高まりつつあるイラク戦争反対の動きと同時に、劣化ウラン弾の製造・使用禁止を求める大きなうねりをつくり出したい。世界の市民、非政府組織（ＮＧＯ）、各国政府の協力によって一九九七年に対人地雷全面禁止条約が成立したように――。

今回の取材に当たっては、それぞれの国で多くの人々の協力を得た。一人ひとり名前は挙げないが、あらためて感謝の意を表したい。

最後に本書の出版に熱意を示し、尽力してくださった大学教育出版の佐藤守社長に深く感謝したい。

二〇〇三年一月

田城　明

■著者紹介

田城　明（たしろ　あきら）

1947年、兵庫県淡路島生まれ。72年に中国新聞社入社。編集局報道部記者、原爆・平和・国際担当部長などを経て、現在編集委員。87年、米国タフツ大学フレッチャー法律・外交スクール大学院修士課程修了。これまで主として平和・核問題について幅広い報道に取り組んできた。世界の放射線被害者の実態を探った『世界のヒバクシャ』取材班に加わり、90年度の「日本新聞協会賞」受賞。20世紀の核時代の意味を米国の物理学者、歴史家、政策決定者ら18人に聞いた『核時代　昨日・今日・明日』で、95年度の「ボーン・上田記念国際記者賞」受賞。本書の『知られざるヒバクシャ　劣化ウラン弾の実態』で、2000年度の「日本ジャーナリスト会議大賞（JCJ大賞）」受賞。2001年9月から翌年7月まで中国新聞に連載した核超大国の放射能汚染の実態などをルポした『21世紀　核時代　負の遺産』で、2002年度の「石橋湛山記念早稲田ジャーナリズム大賞」受賞。このほか、カシミール地方の領有権をめぐって核対峙するインド・パキスタンの紛争地帯を両側からルポした『印パ独立50年　核神話の下で』（97年）などの作品がある。

知られざるヒバクシャ

―― 劣化ウラン弾の実態 ――

2003年3月10日　初版第1刷発行

■著　者――田城　明
■発行者――佐藤　守
■発行所――株式会社大学教育出版
〒700-0953　岡山市西市855-4
電話(086)244-1268㈹　FAX(086)246-0294
■印刷所――互恵印刷㈱
■製本所――㈲笠松製本所
■装　丁――ティーボーンデザイン事務所

ISBN4－88730－510－9